改訂版

子どもと共に歩む保育

和田幸子・伊藤美加・山﨑玲奈 編著

三学出版

はじめに（保育者への歩み）

「子どもが好きだから」「保育体験が面白かったから」、保育の学びをするために進学したという学生の声をしばしば聞きます。幼い頃に出会った先生が好きだったという人もいるでしょう。家族が保育の仕事をしていて、その姿に憧れを持った人もいるでしょう。何らかのきっかけを得て、みなさんは子どもと遊ぶお姉さんから、専門職としての保育者への歩みを始めました。

専門職としての保育者の働きとはどのようなものでしょう。それは、「複数の子どもたちのいる保育の場を責任持って担う」ことであるといえます。安全、安心を保ち、成長を支えていく責務を自覚し実践するということでしょう。一人ひとりの子どもがその存在を大事にされて、そしてみんなでいることが楽しい、と思えるような場を作ることに努めます。そのためには、子どもへの温かなまなざしを向けると共に、専門的な見識が必要となります。

それぞれの子どもが「一人ひとり」充実すること、そして、「みんなで」いることに積極的な意味を見いだしていけるような保育作りをすべく、しっかりと学んでいきましょう。子どもを理解しようとすること、そこから子どもの育ちへの願いを具体的に考え、それを具現化するための手だてを行うことによって新たな子ども理解が得られ、さらに保育実践は続いていきます。「子ども理解」「子どもへの願い」「手だて」の三つの視点がどのように循環していくか、イメージしながら、保育の営みは続いていきます（図1）。

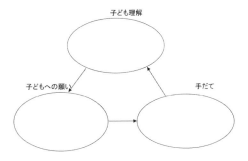

図1　保育実践における三つの視点の循環

子どもの成長のために責任を持って関わるための学びは、多分野に渡ります。私たち教員は、保育の学びを始めた学生のその興味に応えるべく、授業に臨んでいます。本著は、こども教育学科幼児教育コースと保育内容担当教員による、保育の学びへの導入書です。それぞれの分野から、いかに「子ども理解」「子どもへの願い」「手だて」の循環がなされていくか、思いめぐらせながら、繰り返し本著を読んで下さい。

京都光華女子大学こども教育学部のオリジナルテキストとして、十分に活用され、保育者としての歩みを支える一冊になることを祈念します。

（和田　幸子）

目　　次

はじめに

Ⅰ部　子どもを知る・保育を知る

1章　はじめの第一歩　～子どもと歌う生活の歌～ ………………………………… 3
2章　子どもの歌　～唱歌・童謡・わらべうた・子守唄～ ……………………… 16
3章　造形表現の活動から　～世界を感じ、気持ちを表現する営み～ ………… 32
4章　五感を使って伸ばす科学の芽 ……………………………………………… 45
5章　よく遊び、よく眠る　～子ども本来の姿～ ……………………………… 55

Ⅱ部　子どもの中へ

6章　保育者基礎力を目指して ……………………………………………………… 69
7章　言葉の教育 …………………………………………………………………… 83
8章　ごっこ遊びの大切さ ………………………………………………………… 90
9章　施設実習で学ぶこと　～障害児・者との関わりを通じて～ …………… 101

コラム1：クリティカルな思考のすすめ —————————— 15
コラム2：三つ子の魂百まで —————————————— 31
コラム3：保育って誰にでもできること？ ———————— 43
コラム4：大きいものなら何をなめても大丈夫 —————— 53
コラム5：進路に迷ったら…… ————————————— 64
コラム6：保育指導案の「ねらい」について考える ———— 80
コラム7：なぜ読解力は必要なのだろう ————————— 89
コラム8：三つの視点の循環の実際（「手だて」に着目して）—— 99
コラム9：子どもと一緒に遊べる体力ありますか？ ————109
コラム10：『保育所保育指針』改定にみる保育における今日的課題—110

おわりに……………………………………………………………………………… 111
執筆者一覧…………………………………………………………………………… 115

Ⅰ部

子どもを知る・保育を知る

1章　はじめの第一歩
～子どもと歌う生活の歌～

　登園から降園までの一日の活動の中で、歌ったりピアノを弾いたりする機会が数多くあります。何より、子どもたちは音楽が大好き。「歌に始まり、歌に終わる」ほど、音楽は園生活において重要な位置を占めています。しかし、皆さんの中には、子どもたちの前で弾き歌うことに、不安や緊張を感じている人がいるかもしれません。ここでは、園でよく歌われる生活曲の中から＜おはよう＞、＜おべんとう＞、＜おかえりのうた＞の3曲を取り上げ、読譜から練習方法まで、弾き歌いのイロハを学びます。子どもに背を向けてピアノの鍵盤とにらめっこするのではなく、にっこり子どもの方を見ながら歌える保育者を目指して、はじめの第一歩を踏み出しましょう。

　| キーワード |　弾き歌い、生活曲、四七抜き音階、ピョンコ節

1　弾き歌いのイロハ　―練習するときの五つの心得―

（1）心得1「子どもと一緒に歌う姿をイメージすべし」

　何のために弾き歌いを練習するのか、今、一度、考えてみましょう。この曲を子どもたちと歌いたい、この曲の楽しさを子どもに伝えたい、何より、その気持ちや想いが大切です。鍵盤ばかり見て一人の世界で歌うのではなく、普段の練習から子どもたちと歌う姿をイメージして、伝えること、楽しむことを意識してください。

（2）心得2「絶対に止まらない、弾き直さない」

　弾き歌いをする際には、音を間違えても、絶対に止まったり弾き直したりしてはいけません。少なくとも、右手のメロディだけは弾き続けましょう。左手の伴奏は、基本的な調（ハ長調、ヘ長調、ト長調、ニ長調）の3コード（Ⅰ・Ⅳ・Ⅴ）をいつでも弾けるようにしておくと、安心して弾けます。また、間違えた時に声を出す人がいますが、癖になるので避けましょう。

（3）心得3「前奏を侮ることなかれ」

　前奏は、「こんな曲をこんな速さで歌うよ」という保育者から子どもたちへの合図の役割を担っています。前奏ひとつで、歌の世界観を子どもたちに伝えることができます。子どもたちは歌う気満々で待っています。前奏が不安定になると、遠慮して歌えなかったり、歌う気持ちを削がれたりします。時間をかけて練習しましょう。

　また、子どもに入るタイミングを知らせる声かけ、「さんはい」も重要です。「さんはい」の語尾を上げ、リズムに乗って声かけできるよう心がけてください。

（4）心得 4「譜読みの段階から歌をつけるべし」

　ピアノの練習にとらわれがちですが、子どもたちは保育者の歌声を聴いて、歌を覚えます。弾き歌いはピアノだけ弾くよりも何倍も難しさを伴います。練習の早い段階から、片手練習をする時も必ず歌をつけましょう。特に「左手＋歌」の練習は効果的です。試してみてください。

　また、歌とピアノ伴奏の音量のバランスですが、自分の歌声がピアノの音よりもはっきりと聞き取れたら合格だと思ってください。ピアノの音量を小さくするのではなく、「自分の歌声を聴く」ことを大切にするとよいでしょう。

（5）心得 5「部分練習をすべし」

　曲の初めから最後まで通して練習するだけでなく、難しい箇所を取り出して練習しましょう（例：2小節を取り出して、右手のみ→左手のみ→両手）。文章に句読点があるように、音楽にも適切な切れ目、フレーズがあります。部分練習したフレーズが弾けるようになったら、前のフレーズと連結させて練習してみてください。スムーズに弾けるようになったら、フレーズや曲の頂点を意識して演奏しましょう。

2　＜おはよう＞、＜おべんとう＞、＜おかえりのうた＞に共通する特徴

（1）四七抜き音階とピョンコ節

　四七抜き音階とピョンコ節は、日本人にとって歌いやすく親しみやすいことから、多くの子どもの歌に使われています。＜おはよう＞、＜おべんとう＞、＜おかえりのうた＞にも出てきますので、特徴に注目して楽譜をみてみましょう。

1）四七抜き音階

　四七抜き音階とは、日本固有の五音音階（譜例1）です。長音階（ハ長調）の主音（ド）から数えて四番目（ファ）と七番目（シ）の音がないことから、四七抜き音階（ドレミソラ）と呼ばれています。生活曲では、たびたびミソラドの並びで出てくるため、ここでは「ミソラドの位置」（譜例2）としました。

譜例1　四七抜き音階

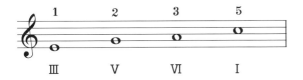

譜例2　ミソラドの位置（数字は右手の運指）

2）ピョンコ節

ピョンコ節（譜例3）とは、1拍を付点8分音符+16分音符（タッカ）で表されるリズムを使って出来ている旋律のことです。ピョンコピョンコと跳ねたり、スキップを連想させたりするリズムであることから、ピョンコ節と呼ばれています。ピョンコ節を持つ代表的な唱歌としては、＜うさぎとかめ＞（モッシ　モッシ｜カッメ　よ）や＜かたつむり＞（デッン　でん｜ムッシ　むし｜カッタ　つむり）があります。

譜例3　ピョンコ節

3　＜おはよう＞、＜おべんとう＞、＜おかえりのうた＞演奏上の注意

（1）＜おはよう＞　増子　とし　作詞／本多　鉄麿　作曲

1）五感で感じ取りましょう〜目から耳へ〜

ピョンコ節に乗って、元気いっぱい楽しく歌いたい一曲です。1番が「花」、2番は「小鳥」、と感じ取る器官が視覚から聴覚に移ります。お花はどんなお花なのか、何色なのか、大きさは、など、子どもと一緒にイメージを膨らませてみてください。「先生、おはよう、皆さん、おはよう」の≪おはよう≫の部分は互いにお辞儀をしながら、また、「お花もにこにこ笑っています」の部分では手でお花を形作るなど、振りや動きをつけてみるとよいでしょう。

（2）＜おべんとう＞　天野　蝶　作詞／一宮　道子　作曲

1）同じリズムで出来ている曲は何の曲？

　＜おべんとう＞には、付点8分音符+16分音符と8分音符+8分音符（タッカ｜たた）＝ピョンコ節＋ピョンコ止（譜例4）の面白いリズム型が繰り返し出てきます。このリズム、ピョンコ節＋ピョンコ節（タッカ｜タッカ）と誤って演奏しがちです。注意しましょう。＜かたつむり＞（デッン　でん｜ムッシ　むし｜カッタ　つむり）と全く同じリズム型で出来ているので、あてはめて歌ってみるとわかりやすいです。試してください。

　ただし、子どもたちが自然に歌うことを大切にしてピョンコ節＋ピョンコ節（譜例5）（タッカ｜タッカ）と歌っている園も多いので、状況に応じて歌い分けてください。

タッ　カ　た　た

譜例4　ピョンコ節＋ピョンコ止

タッ　カ　タッ　カ

譜例5　ピョンコ節＋ピョンコ節

2）歌のストーリーを理解しましょう

　1番と2番の歌詞を混同して歌ってしまう曲ですが、1曲を通してストーリーになっています。きれいに手を洗ったら、いただきます（1番）、何でもよく噛んで食べたら、ごちそうさま（2番）、と流れが理解できれば簡単ですね。ピアノを弾くことも大切ですが、ふっと肩の力を抜いて歌を口ずさんでみてください。

（3）＜おかえりのうた＞　天野　蝶　作詞／一宮　道子　作曲

1）ペダルを踏んでみましょう

　弾き歌いながらペダルを踏むことは非常に高度ですが、その分、表現力が高められます。＜おかえりのうた＞は、ピアノ初学者がペダルを使う導入曲としておすすめです。使う箇所は前奏の2小節のみ、しかも出てくる音はハ長調の主和音（ドミソ）のみですので、響きの濁りを比較的気にせずにペダルが踏めます。ペダルを使うと、響きに厚みが出て、上達した気分を味わえるの

で是非使ってみましょう。

2）歌詞を正確に歌いましょう

　2番の歌詞「おかえり　おしたく　できました」という一節を、「おかえりの　したく　できました」と間違えて歌う人がいます。特に小学校歌唱教材には文語体の曲も出てきます。歌詞を朗読する、書き出してみるなどして、歌詞の内容を理解し、子音をはっきりと発音するよう心がけて下さい。子どもたちに歌の内容とイメージを伝える、という明確な意思をもって歌うことが大切です。

　それでは、早速、生活曲にチャレンジしてみましょう。

おはよう

増子 とし 作詞
本多 鉄麿 作曲

（さん　　はい）

1. せん せい い お は よう み な さ ん お は よう
2. せん せい い お は よう み な さ ん お は よう

お は な も に こ に こ わ らっ て い ます
こ と り も ち っ と う たっ て い ます

お は よう お は よ う
お は よう お は よ う

おはよう

おかえりのうた

天野　蝶　作詞
一宮　道子　作曲

1.きょーう　も　た　の　し　く
2.お　り　が　み　つ　み　き　も

す　み　ま　し　た　　　な　か　よ　し　こ　よ　し　で　か　え　り　ま　しょう
か　た　づ　け　て　　　お　か　え　り　お　し　た　く　で　き　ま　し　た

せ　ん　せ　い　さ　よ　な　ら　　ま　た　ま　た　あ　し　た
み　な　さ　ん　さ　よ　な　ら　　ま　た　ま　た　あ　し　た

(さん　はい)

おかえりのうた

左手が8分音符になっても速くならないで、
1拍目と3拍目のみはっきりと、その他は軽く

楽曲使用許諾

・JASRAC 出 1615615-601

・《おはよう》については別途許諾を頂いた。

＊お薦めの本

・日本童謡協会編（1985）『日本の童謡200選』音楽之友社

　歌い継がれてきた日本の風景がこの本の中にあります。ピアノ伴奏譜には原譜が採用されており、曲が発表されたオリジナルに近い楽譜です。作詞・作曲者の意図を汲み取ることのできる貴重な一冊です。

（田中　慈子）

コラム 1　　クリティカルな思考のすすめ

　次の質問に答えてください。あなたにあてはまる程度を考えて、「非常にあてはまる」なら 5、「まったくあてはまらない」なら 1 として、5 段階評価をしてみましょう。

1．いろんなことに興味を持ち、答えを探そうとする………………………………………	（　　）
2．何かを決めるとき、感情や主観によらず、事実や証拠を重視する……………………	（　　）
3．自分と違う考え方でも、正しいものは正しいと認めることができる…………………	（　　）
4．考え得る限り全ての事実や証拠を調べて、答えを探し求め続けようとする…………	（　　）
5．他人のやり方や考え方を尊重することができる…………………………………………	（　　）

　ゼックミスタとジョンソン（1992）によれば、「クリティカルな思考」とは、「適切な基準や根拠に基づく、論理的で、偏りのない思考」であると定義しています。簡単に言えば、「自分の頭できちんと考える」ということ。情報を鵜呑みにせず、常に「どうしてそう言えるのか」を問い、「事実や根拠はどれか意見はどれか、きちんと区別する」、「その意見は、どのような事実や根拠から導き出されたのか、きちんと調べる」、そして「その考え方は妥当か、きちんと評価する」ことが大事なのです。これから教職・保育職をめざそうとするみなさんに、この「クリティカルな思考」を、是非身につけてほしい、と考えています。

　さて、あなたはどうでしょうか？　上の質問は全部で 5 項目あって、それぞれ 1 〜 5 点取りうるので、最低で 5 点、最高で 25 点になります。真ん中は 15 点になりますね。15 点よりも得点の高い人がクリティカルな思考をする傾向が高いことを示します。

　ここで注意ですが、ここに表れた数字は一つの目安に過ぎません。今後のあなたのさまざまな活動によって変化するものです。この質問項目に答えるのは、「（現在の）自分を知る」のが目的です。低かった人も、高かった人も、その結果を知って終わり、ということではなく、自分がどのような傾向があるのかをきちんとみつめましょう。

　ちなみに、逆にクリティカルでない思考をする傾向はどうでしょうか？　同じように、次の質問に答えてください。あなたにあてはまる程度を考えて、「非常にあてはまる」なら 5、「まったくあてはまらない」なら 1 として、5 段階評価をしてください。今度は、得点が高い人がクリティカルに思考しない傾向が高いことを示します。今後、自分がどのようなところを重点的に改善すべきなのかを考えるヒントにしてくださいね。

6．他人の意見に同調しやすい…………………………………………………………………	（　　）
7．一度決めるとなかなか自分の考え方を変えようとしない………………………………	（　　）
8．十分に情報を集めず、すぐに結論を出してしまおうとする……………………………	（　　）
9．「必ず」「絶対」「決まって」が口癖だ……………………………………………………	（　　）
10．わからないときにわかったふりをしてしまう…………………………………………	（　　）

（伊藤　美加）

引用文献
・E. B. ゼックミスタ・J. E. ジョンソン（1992）『クリティカルシンキング』北大路書房

2章　子どもの歌
〜唱歌・童謡・わらべうた・子守唄〜

　テーマとしました「子どもの歌」は、その歴史、変遷から「唱歌」「童謡」「わらべうた」に大きく分けることができます。今日私たちは、当たり前のように5線譜の楽譜を見て歌を歌い、伴奏を弾きます。しかし、そもそも日本にはドレミはなかったのです。西洋音階（ドレミファソラシド）は明治時代に欧米から輸入されました。そこからできた子どもの歌が「唱歌」「童謡」です。一方、「わらべうた」は元々日本人が歌い継いできた日本音楽による歌です。それぞれについてたどってみましょう。また、子守唄の系譜にもふれます。今日、子どもたちの保育の場で歌われている歌の多くは、何十年も、または百年以上も歌い継がれているのです。

キーワード	音階、伝承、文化、語りかけ

はじめに

　保育の現場では、毎日子どもたちと歌って楽しみます。子どもたちは、保育者の歌う口元を見て、同じように歌って覚えます。子どもたちが無理なく発声して歌える歌を、そして子どもの興味に添ったふさわしい歌を保育者は選曲していく必要があります。実は、歌は、日本人の身体性や日本語のリズムと密接な関係があります。そして子どもたちに歌い継がれることによって一つの児童文化となります。「子どもの歌」について探求していきましょう。

1　唱歌
（1）「唱歌」のはじまり

　日本の学校教育の始まりは明治5年の「学制」公布に遡ります。小学校の教科に「唱歌」としてあげられ、音楽教育が始められることになったのですが、いったい何をどのように教えたらいいのか、誰が教えるのかもわからない状態でした。そこで「当分之を欠く」とし、アメリカの音楽教育事情を取り入れようとしたのでした。伊沢修二（1851-1917）が渡米し、そこで師事したL．W．メーソン（1828-1896）を日本へ呼び寄せ、音楽教師の養成と、唱歌教材集の編集に当たらせました。メーソンによって、アメリカの学校で歌われているスコットランドやアイルランド民謡が日本に紹介され、これらのメロディに日本語の歌詞をつけて、はじめの「唱歌」というものができました。以後、欧米の民謡が訳され、さらには日本人による作曲もされるようになりました。

（2）明治時代から歌い継がれている唱歌

　明治14年、初めての唱歌集ができあがりました。この中には、今日も歌われている唱歌〈蝶々〉があります。もともとの歌詞は下記のとおりです。7行目の歌詞は「さかゆる御代に」で、蝶や花が舞う様を、国家の繁栄に合わせて歌っていた時代でした。今日では「花から花へ」という歌詞で歌われます。「なのはにとまれ」「さくらにとまれ」「とまれよあそべ」と七音節の語調で整えられた歌詞であることに気付きます。

明治14年『小学唱歌集』〈蝶々〉の歌詞

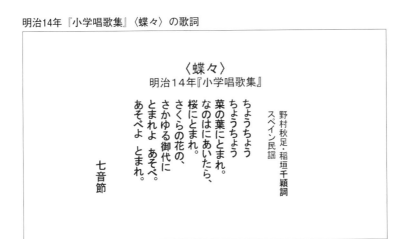

〈蝶々〉
明治14年『小学唱歌集』
野村秋足・稲垣千頴詞
スペイン民謡

ちょうちょう
ちょうちょう
菜の葉にとまれ。
なのはにあいたら、
桜にとまれ。
さくらの花の、
さかゆる御代に
とまれよ　あそべ。
あそべよ　とまれ。

七音節

今日の〈蝶々〉の歌詞

〈蝶々〉のルーツは明治時代

ちょう　ちょう
ちょう　ちょう
なのはに　とまれ
なのはに　あいたら
さくらに　とまれ
さくらの　花の
花から　花へ
とまれよ　あそべ
あそべよ　とまれ

　この歌集には〈むすんでひらいて〉の元歌となった〈見わたせばあおやなぎ〉もあります。同じメロディです。

明治14年『小学唱歌集』〈見わたせばあおやなぎ〉の歌詞

〈むすんでひらいて〉のルーツは
明治14年『小学唱歌集』の〈見わたせばあおやなぎ〉

柴田清熙詞　ルソー曲
見わたせば、あおやなぎ、
花桜、こきまぜて、
みやこにも、みちもせに、
春の錦をぞ。
さおひめの、おりなして、
ふるあめに、そめにける。

稲垣千頴詞　ルソー曲
見わたせば、やまべには、
おのえにも、ふもとにも、
うすきこき、もみじ葉の
あきの錦をぞ。
たつたひめ、おりかけて、
つゆ霜に、さらしける。
五音節

今日の〈むすんでひらいて〉の歌詞

〈むすんでひらいて〉のルーツは明治時代

むすんで　ひらいて
てをうって　むすんで
またひらいて
てをうって
そのてを　うえに
むすんで　ひらいて
てをうって　むすんで

　この歌のルーツである〈見わたせばあおやなぎ〉の歌詞を見ると、「みわたせば」「あおやな
ぎ」「はなざくら」「こきまぜて」と五音節の語調で整えられています。戦後〈むすんでひらい
て〉の歌詞で小学1年生の教科書に載せられて以来、この歌詞で歌い継がれています。今日では
むしろ乳児向けの歌として親しまれてます。
　赤ちゃんは手を握り、そして開いた手を見ることを繰り返し、自分の手で遊ぶようになります。
左右の手をあわせることによって、体の中心線がどこかということを知っていくのです。そのよ
うな赤ちゃんの遊ぶ姿を歌った歌です。この歌詞のとおりに手を動かしながら歌ってみましょう。
大人の動きをしっかり見て真似ようと自分の手の形を変えて楽しむ幼い子どもの喜びを味わうこ
とができます。
　次にあげた〈鉄道唱歌〉は駅の名前、土地の名前を並べて66番までの歌詞で日本全国を巡りま
す。45番から53番は京都の地理が歌われています。メロディは今日も新幹線内で聴かれます。こ

の歌は「ぎおんきよみず・ちおんいん」「よしだくろたに・しんにょどう」のように七・五の語調が繰り返し続きます。

〈鉄道唱歌〉京都編

〈鉄道唱歌〉
大和田建樹詞　多梅稚曲
『地理鉄道唱歌』明治33年

四五～五三　：京都編

四九
祇園　清水　知恩院
吉田　黒谷　真如堂
ながれも清き水上に
君がよ　まもる　加茂の宮
（賀茂）

七・五調

日本の唱歌は、五、七音節の語調で整えられた歌詞であることが多いのです。それは日本語の持つ語調の特徴を生かして唱歌が作られたということです。このようにすると西洋的なメロディと歌詞が対応して、無理なく歌えたのです。

（3）唱歌の歌詞内容

唱歌の歌詞内容は大きく五つに分けられます。一つ目は、日本の自然の美しさを歌ったものです。〈蝶々〉〈見わたせばあおやなぎ〉はそのような歌です。二つ目は親孝行を勧める歌詞、三つ目は国家礼賛、四つ目は戦いの歌、これらはある思想を含んだ歌詞内容です。学校教育の中で取り上げる唱歌であるゆえ、その時代の教育の意図が込められて作られたのでした。五つ目は、知識を身につけさせようと歌詞に盛り込んだものです。〈鉄道唱歌〉はこの種類に入ります。地理の勉強の一環として唱歌を歌わせたのでした。

しかし、唱歌の授業を子どもたちは楽しく思わなかったようです。文語調で説教じみた歌詞は子どもの心を楽しくさせず、学校の授業の中では歌わざるを得ないものの、私生活では歌わないという現実があったようです。「学校唱歌、校門を出でず」という現状であったのです。

（4）言文一致唱歌

そこで、「子どもには子どもの言葉で、生活感情にあった唱歌を与えよう」というスローガンで唱歌を作ろうとした人たちが現れました。東くめは〈お正月〉〈みずあそび〉など、初めて口語で作詞しました。そして、〈花〉〈荒城の月〉などの作曲で有名な、日本における西洋音楽黎明期の作曲家である滝廉太郎が作曲しています。これらは今日の子どもたちも歌っています。

滝廉太郎作曲の言文一致唱歌

言文一致唱歌
こどもにはこどもの言葉で・生活感情にあった唱歌を

〈お正月〉明治34年
東くめ詞　滝廉太郎曲

もういくつねると
お正月
お正月には
凧あげて
こまをまわして
遊びましょう
はやく来い来い
お正月

〈水あそび〉
明治34年　東くめ詞　滝廉太郎曲

みずをたくさん
くんできて
みずでっぽうで
あそびましょう
いちにい　さんし
ちゅっちゅっちゅっ

　言文一致唱歌には、物語を歌詞に載せて歌ったものもあります。〈うさぎとかめ〉〈キンタロウ〉〈はなさかじじい〉などがあります。

（5）文部省唱歌

　しかし当時の文部省は、言文一致唱歌を品性がないと非難し、気品の高い唱歌を作り『尋常小学唱歌』という教科書に載せることにしました。明治後期、続く大正時代、昭和初期に作られ、今日も歌われている唱歌を下記に紹介します。唱歌は作者が明記されていませんが、判明しているものもあります。〈故郷〉と〈朧月夜〉は高野辰之作詞・岡野貞一作曲、〈こいのぼり〉は近藤宮子作詞、〈チューリップ〉は近藤宮子作詞・井上武士作曲、〈たなばたさま〉は権藤花代/林柳波作詞・下総皖一作曲、であることがわかっています。

明治後期の文部省唱歌

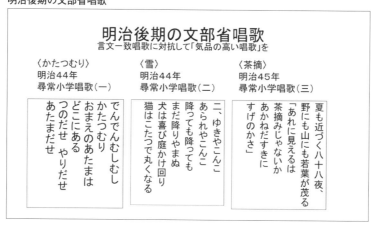

大正時代の唱歌

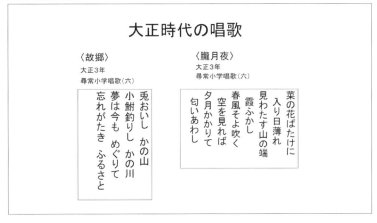

昭和初期の唱歌

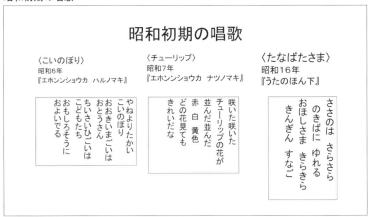

（6）唱歌の特徴

　唱歌は、日本にはじめて西洋音楽のスタイルを取り入れて作られた歌です。明治以降作られ、今日まで歌い継がれている唱歌がたくさんあります。唱歌には音楽的な特徴があります。それは、もともとの日本音楽と西洋音楽とを融合させた、いわば和洋折衷の特徴なのです。一つには、四七抜き音階を多く使い半音の音程を避けているということです。明治以降、ドレミファソラシドの音階を西洋より導入したものの、日本人にとっては4番目のファ、7番目のシは馴染みにくく、これらを使わない四七抜きの音階による曲作りが多くなったと考えられています。二つ目は、日本語の「五七調」「七五調」の語調の歌詞を西洋的なメロディに載せたものが多くある、ということです。

　また、唱歌の伴奏は、足踏みリードオルガンが担うことが多かったのですが、時間の経過と共

に音が減衰するピアノに対して、オルガンは一定の音量が持続します。唱歌の伴奏を支え、日本人に西洋音楽のスタイル、特に西洋の音階を定着させた役割を果たした楽器であったと言えます。

2　童謡

（1）大正期に出現した童謡

　大正期には、ドイツで起こった芸術教育思潮を受け、自由教育運動がおこりました。その中で、「子どもには子どもの歌を」というモットーで、口語調の芸術的な歌がたくさん作られました。これが童謡と呼ばれるものです。この童謡運動は、『赤い鳥』と『金の船（のちに『金の星』)』の2つの童話童謡雑誌が契機になっています。詩的で高い芸術性を求めつつ、子どもの興味や関心に応えるような歌を作ろうとしたのでした。

　大正期に作られ、今日も歌い継がれている童謡の例を下記にあげます。

大正期に出現した童謡

童心を童語で表現

〈赤い鳥小鳥〉
大正7年
北原白秋詞　成田為三曲

あかいとり　ことり
なぜなぜ　あかい
あかいみを　たべた

しろいとり　ことり
なぜなぜ　しろい
しろいみを　たべた

あおいとり　ことり
なぜなぜ　あおい
あおいみを　たべた

　〈七つの子〉（からすなぜなくの）や〈シャボン玉〉（しゃぼんだまとんだやねまでとんだ）も大正期の童謡です。

大正期の童謡

大正期の童謡

〈夕焼小焼〉
大正12年
中村雨紅詞　草川信曲

夕焼け小焼けで
日が暮れて
山のお寺の
鐘が鳴る
お手々 つないで
皆かえろう
からすと一緒に
帰りましょう

〈どんぐりころころ〉
大正10年
青木存義詞　梁田貞曲

どんぐりころころ
ドンブリコ
お池にはまって
さあたいへん
どじょうが出てきて
こんにちは
坊ちゃん 一緒に
遊びましょう

（2）童謡の特徴

　童謡は唱歌と同じような四七抜き音階や、七五調の語調でまとめられた歌詞が見られます。歌詞はメロディとなじみ、歌いやすいものとなっています。また、リズミカルな言葉が見られます。「しょしょしょうじょうじ」「こいこいこい」「らんらんらん」と言葉を繰り返すことによってリズムを作り出しているのです。「ぴっちぴっちちゃっぷちゃっぷ」のようにはずむリズムはピョンコ節と呼ばれ、大正期の童謡によく見られます。

童謡の特徴

リズミカルな言葉とピョンコ節

〈証城寺の狸囃子〉
大正13年
野口雨情詞　中山晋平曲

しょ しょ じょうじょうじ
しょうじょうじのにわは
つっ つきよだ
みんなでて こい こい こい
おいらのともだちゃ
ぽんぽこぽんの ぽん
まけるな まけるな
おしょうさんに まけるな
こい こい こい
こい こい こい
みんなでて こい こい
こい こい

〈アメフリ〉
大正14年
北原白秋詞　中山晋平曲

あめあめ ふれふれ
かあさんが
じゃのめで おむかえ
うれしいな
ぴっちぴっち
ちゃっぷちゃっぷ
らん らん らん

（3）昭和期の童謡

1）歌手の歌う童謡

これまでは、教科書や童謡雑誌に載っている楽譜をもとに教師や親が歌ってくれるのを子ども

たちが聴き、子どもたちも歌うようになっていきました。世にレコードが出現することによって、この構図は変わります。歌手が歌う童謡がレコードに録音されるようになると、子どもたちはレコードをお手本にして童謡を覚えてきます。戦争、敗戦の後、〈みかんの花咲く丘〉（昭和21年）がラジオで放送され、レコードが売り出されると、子どもたちは久しぶりの明るい歌に喜んだと言います。今日、「せっせっせ」と歌い出し手合わせ歌としても親しまれるこの曲は、戦後すぐ、子どもたちに明るさをもたらした曲であったのです。

　さらに、ラジオで童謡が放送されるようになると、日本全国で同じ童謡が聴かれるようになりました。〈ぞうさん〉〈かわいいかくれんぼ〉〈めだかの学校〉（昭和25年）はラジオ発の幼児向きに作られた童謡です。

ラジオ童謡

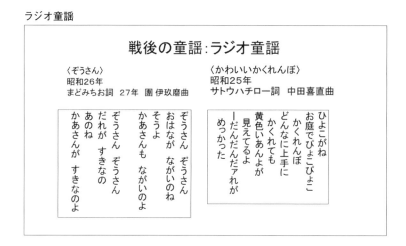

戦後の童謡：ラジオ童謡

〈ぞうさん〉
昭和26年
まどみちお詞　27年　團 伊玖磨曲

ぞうさん　ぞうさん
おはなが　ながいのね
そうよ
かあさんも　ながいのよ

ぞうさん　ぞうさん
だれが　すきなの
あのね
かあさんが　すきなのよ

〈かわいいかくれんぼ〉
昭和25年
サトウハチロー詞　中田喜直曲

ひよこがね
お庭でぴょこぴょこ
かくれんぼ
どんなに上手に
かくれても
黄色いあんよが
見えてるよ
ーだんだんだアれが
めっかった

　これらは幼児の短い息でも歌いやすい短いフレーズとなだらかなメロディを意識して作られています。今日、幼児に親しまれているのはそのおかげでしょう。

2）映像と共にある童謡

　昭和28年テレビ放送が始まりました。黒柳徹子さんがテレビタレントの先駆けであったことはよく知られていることであります。以後、童謡はテレビ番組用に作られるようになりました。

テレビ番組用童謡

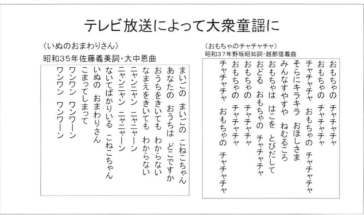

テレビ放送によって童謡は人形や歌手の踊り、アニメーションを「見ながら聴く童謡」になっていったのです。長い歌詞の中に人物や物が複数登場し、そのやりとりの物語を歌います。映像と共にあって成り立つ童謡であることがわかります。

こうして平成の今日まで、乳幼児向けの歌番組は継続的に放送されています。歌番組用にアップテンポな童謡がたくさん作られ続けています。歌のお姉さんの元気な声や踊りに、また巧みなアニメーションに惹きつけられて子どもたちは見入っています。

（4）保育の場での選曲

以上、日本の子どもの歌の歩みをたどってきました。保育者は歴史をよく見て、現代の保育を考えていかなければなりません。保育の場での選曲のポイントについて音楽的な面から触れておきます。

まず一つ目は、子どもの息で無理なく歌える歌であることです。長いフレーズが続くと子どもの呼吸に負担をかけてしまいます。二つ目は、音域です。高い音程がたくさん出てくると、子どもは声帯を緊張させ、声を張り上げ、喉を痛めてしまいます。無理なく声帯の伸縮ができるような音域の曲を選んでください。三つ目は音程のとりやすさです。

これまで大量の子どもの歌が作られてきました。今日も作られ続けています。子どもの心情に添い、言葉、旋律をよく考えて作られた歌を、保育の場で歌う歌として選曲していきましょう。子どもは歌う大人の息づかいを感じながら、声を出して歌っていきます。子どもたちと共に歌を楽しんでほしいと願います。

3　わらべうた

日本の伝承音楽であるわらべうたについて触れておきます。

（1）わらべうたとは

わらべうたは、子どもたちが遊びや季節の行事、日常的な行動の中で自然に歌い、遊び仲間によって集団的に伝承してきたものです。その音楽は伝統性が強いが、子どもたちの即興的な創作力により歌詞やメロディの一部を変え、新しい遊び方を取り入れることもなされてきました。強拍弱拍のない２拍のまとまりをもった２拍子が多く、１拍子の連続のように歌う歌も多くあります。わらべうたは言葉と強くむすびついているため、方言のイントネーションが旋律の形に表れます。わらべうたには、一定の音程関係の繰り返しが見られます。それは、完全４度（テトラコルド）を最小単位とする音列です。

テトラコルドとわらべうた音階

民謡のテトラコルド

民謡のテトラコルドと律のテトラコルド
のコンジャンクトによる接合

このテトラコルドを接合させて音域が広くなっていくのですが、実際の幼い子どもたちの歌うわらべうたはこの楽譜の音階より２音（例〈あしたてんきになあれ〉）、３音（例〈おおなみこなみ〉）、４音（例〈かごめかごめ〉）のように少ない音組成によっています。

（2）遊びと共にあるわらべうた

わらべうたは遊びと共にあり、赤ちゃんにしてあげる遊びから大きな子どもが技を競う遊びまで多様です。遊びながら歌うので、体の動きより歌のテンポが早くなって先行することはありません。

遊びと共にあるわらべうた

遊びと共にある歌

〈あがりめさがりめ〉:顔遊び
〈いちにさんにのしのご〉:指遊び
〈いちにのさんまのしっぽ〉:数え歌遊び
〈どれにしようかな〉:選び歌

〈だるまさんがころんだ〉〈はないちもんめ〉
〈かごめ〉〈あぶくたった〉:集団遊び

〈おおなみこなみ〉〈ゆうびんやさん〉:なわとび遊び
〈あんたがたどこさ〉:まりつき

　京都のまちなかの通りの名前を、丸太町通り、竹屋町通り、夷川通り…と北から南へ順番に歌うわらべうたがあります。是非覚えて、子どもたちと歌ってみましょう。散歩しながら歌うのも良いものです。

まるたけえびす

〈東西の通り名の唄〉(丸太町通り〜横の道)

まる　たけ　えびすに
おし　おいけ
あね　さん　ろっかく
たこ　にしき
しあや　ぶったか
まつ　まん　ごじょう
せきだ　ちゃらちゃら
うおの　たな
ろくじょう　さんてつ
とおりすぎ
しち(ひっ)ちょう　こえれば
はっくじょう
じゅうじょう　とおじで
とどめさす

4　子守唄

　「子守唄」と呼んでいる唄は、その歌詞の内容から分類することができます。「眠らせ唄」「守り子唄」の2種にわけてみます。

(1) 眠らせ唄

　赤ちゃんを抱いて眠りへと誘うとき、「ねんね、ねんね」のように短い言葉をかけ、軽く体をさすったり、とんとんと軽くたたいて、一緒にいるという安心感を伝えます。そのように我が子へのいとおしさを歌った子守唄が日本の伝承子守唄に見られます。また、大正童謡運動の中から

も生まれました。〈揺籃のうた〉です。

子守唄（眠らせ唄）

眠らせ唄

〈江戸子守唄〉

ねんねん　ころりよ
おころりよ
坊やはよい子だ
ねんねしな

〈揺籃のうた〉
大正10年　北原白秋詞・草川信曲

ゆりかごのうたを
カナリヤがうたうよ
ねんねこ　ねんねこ
ねんねこ　よ

（2）守り子唄

では〈竹田の子守唄〉の歌詞を見てみましょう。

〈竹田の子守唄〉歌詞

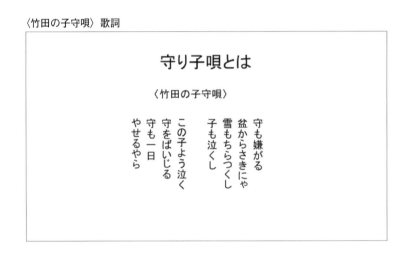

守り子唄とは

〈竹田の子守唄〉

守りも嫌がる
盆からさきにゃ
雪もちらつくし
子も泣くし

この子よう泣く
守をばいじる
守も一日
やせるやら

（1）の眠らせ唄とは様子が違うことがわかります。我が子へのいとおしさで歌っている様子ではありません。これは守り子唄と分類されるものです。守り子とは何でしょう。江戸時代に遡りますが、親元で育てられた子が、その後家族のため労働に出されることがあったのです。その労働の一つが守り子なのです。守り子として裕福な家に仕え、乳児の世話をしていました。それは明治以降、学校教育が始まっても続きました。各地には守り子労働をする学齢児が通うための「子守学校」というものも設置されたのです。盆と正月には守り子も労働から解放され、実家へ戻ります。しかし、再び守り子労働に戻らなければなりません。守り子は辛い気持ちを押し沈め

ているのに、子どもがぐずると、辛さが募り、このような歌を歌って自らを励ましたと言われています。守り子同士が集まり、歌い続けたので伝承されてきたのです。守り子は戦前まで存在したと言われています。

　守り子たちの心の叫びの歌が、現在まで文化として残っていることにある感慨を覚えます。私たちは平和を願い子どもの福祉を守る者でありたいと思うのです。

おわりに

　子どもの歌の系譜をたどってきました。時代の波にもまれて何十年も歌い継がれている歌がたくさんあることも知りました。保育の場で歌うとき、その歌が作られた年代や作者名、歌作りの背景を調べることをお勧めします。文化としての価値を認識し、子どもへ語りかけるように歌っていきましょう。

参考文献
・堀内敬三・井上武士編（1991）『日本唱歌集』岩波書店
・与田凖一編（1994）『日本童謡集』岩波書店
・河内紀・小島美子（1980）『日本童謡集』音楽之友社
・千葉優子（2007）『ドレミを選んだ日本人』音楽之友社
・川原井泰江（2003）『守り子と女たちのこもりうた』ショパン

曲目一覧

〈蝶々〉唱歌	〈たなばたさま〉唱歌	〈めだかの学校〉童謡
〈むすんでひらいて〉唱歌	権藤花代/林柳波作詞・下総皖一作曲	茶木滋詞・中田喜直曲
〈鉄道唱歌〉唱歌	〈赤い鳥小鳥〉童謡	〈いぬのおまわりさん〉童謡
〈お正月〉唱歌	北原白秋詞・成田為三	さとうよしみ詞・大中恩曲
東くめ詞・瀧廉太郎曲	〈七つの子〉童謡	〈おもちゃのチャチャチャ〉童謡
〈水あそび〉唱歌	野口雨情・本居長世曲	野坂昭如詞・越部信義曲
〈うさぎとかめ〉唱歌	〈しゃぼん玉〉童謡	〈あしたてんきになあれ〉わらべうた
石原和三郎詞・納所弁次郎曲	野口雨情・中山晋平曲	〈あがりめさがりめ〉わらべうた
〈キンタロウ〉唱歌	〈夕焼け小焼け〉童謡	〈いちにさんににのしのご〉わらべうた
石原和三郎詞・田村虎蔵曲	中川雨紅詞・草川信曲	〈いちにのさんまのしっぽ〉わらべうた
〈はなさかじい〉唱歌	〈どんぐりころころ〉童謡	〈どれにしようかな〉わらべうた
石原和三郎詞・田村虎蔵曲	青木存義詞・梁田貞曲	〈だるまさんがころんだ〉わらべうた
〈かたつむり〉文部省唱歌	〈証城寺の狸囃子〉童謡	〈はないちもんめ〉わらべうた
〈雪〉文部省唱歌	野口雨情詞・中山晋平曲	〈かごめ〉わらべうた
〈茶摘〉文部省唱歌	〈アメフリ〉童謡	〈あぶくたった〉わらべうた
〈故郷〉唱歌	北原白秋詞・中山晋平曲	〈おおなみこなみ〉わらべうた
高野辰之作詞・岡野貞一作曲	〈みかんの花咲く丘〉童謡	〈ゆうびんやさん〉わらべうた
〈朧月夜〉唱歌	加藤省吾詞・海沼実曲	〈あんたがたどこさ〉わらべうた
高野辰之作詞・岡野貞一作曲	〈ぞうさん〉童謡	〈まるたけえびす〉わらべうた
〈こいのぼり〉唱歌	まどみちお詞・団伊玖磨曲	〈揺籃のうた〉童謡
近藤宮子作詞	〈かわいいかくれんぼ〉童謡	北原白秋詞・草川信曲
〈チューリプ〉唱歌	サトウハチロー詞・中田喜直曲	〈江戸子守唄〉伝承子守唄
近藤宮子作詞・井上武士作曲		〈竹田の子守唄〉伝承守り子唄

楽曲使用許諾

JASRAC 出 1615707-601

＊お薦めの本

・上笙一郎編（2005）『日本童謡事典』東京堂出版

日本の子どもの歌〈わらべうた〉〈唱歌〉〈童謡〉の解説書です。曲名、作詞者名、作曲者名で調べられます。保育の中で歌う曲の、その背景を知ることができます。

（和田　幸子）

コラム **2**

三つ子の魂百まで

　このことわざを聞いたことがありますか。「三」「百」の2種類の数字が出てきます。「三つ」は年齢、つまり3歳、「百」は100歳のことですが、それぞれ「幼い子」「老年」を意味します。「魂」は、素質、天分のことです。

　そこで、「三つ子の魂百まで」は、幼いときの性質は老年まで変わらない、幼いときに形成された性格は老年になっても変わらないという意味であることがわかります。その子らしい本質は、幼い時期に形成され、一生涯を貫くということを言っているのです。幼い時期の育ちは重要だ、ということです。

　保育の学びをはじめた私たちは、このことわざをどのように受け取ればよいでしょう。私たちは子どもの最も大事な時期に関わるのだ、ということを自覚すべきでしょう。

　赤ちゃんは常に誰かに抱いてもらっている存在です。身を任せて、体温を感じ合って安心するのです。そして、おもしろそうな物を目にしたら、手を伸ばし、抱っこを離れて前へ前へと進んでいきますが、再び懐に戻ります。そうです。戻る懐があるから、子どもは興味のままに冒険に出かけることができるのです。この安心感は、身の回りのお世話をしてもらう中で育まれます。

　このことに着目して、乳児保育において「育児担当制」を導入する園が多くなってきました。複数の保育者と複数の子どもが同時に生活する保育の場面で、一人ひとりの子どもが十分に保育者と意思疎通できるよう、その子どもに関わる保育者が担当として特定化することです。食事、排泄、睡眠において、いつも同じ保育者に関わってもらうのです。同じ保育者にお世話してもらうことによって、子どもは安心を得、担当の保育者はその子の食べ方、着替え方、寝方に応じた関わりをすることができるようになっていきます。愛着は、身の回りのお世話を通した関わりの中で芽生え、人への信頼感へと育っていくわけです。

　私が保育の仕事を始めた若い頃には「育児担当制」という言葉はまだありませんでした。手の空いている、対応可能な保育者が、子どもをオマルに座らせるなど、そのときに必要な関わりをしていたのです。保育者同士で申し送りをして、子どもの様子を共有する努力はしていましたが、幼いデリケートな心情に寄り添うことは難しいなと感じたものです。一方、○○先生がいい！と全身で主張する子どもも現れ、一番安心できる保育者に一緒にいてほしいという幼い子どものありようを目の当たりにもしました。

　乳児保育の充実していたハンガリーから「育児担当制」の保育理論が日本にも紹介され、1990年代半ばから導入する園が増えました。「育児担当制」は「三つ子の魂」を大切に育てようとする一つの保育実践理論なのです。

　乳児保育を大切にするハンガリーでは、わらべうたを積極的に用いて保育をしていこうという方法も提示されました。これは、素朴な旋律と歌詞のわらべうたを語りかけるように歌い、一緒に体を動かして遊ぶ中で、大人や仲間との応答性が育まれてほしいという願いに支えられた実践方法です。

　イタリアの幼児教育思想家M.モンテッソーリは、乳児期の敏感な感覚に着目し、それらを開くような教具を発案しました。子ども自らが手を伸ばし、やってみる中で、形や色、重さ、長さ、堅さや柔らかさ、匂い、音色、などに気付くものです。大人の手つきをまねしながら、一緒にしようとする子どもの姿が見られます。

　「三つ子の魂百まで」のことわざから連想することを書いてみました。まだ他にも考えられます。保育者が子どもにとって安心の懐となるように、そのための具体的な保育方法が探られるべきであります。

（和田　幸子）

3章　造形表現の活動から
～世界を感じ、気持ちを表現する営み～

「造形表現」と聞いて、あなたはどんな活動を思い浮かべるでしょうか。「○○をつくる」「△△を描く」といったものでしょうか。もちろんそれも造形表現活動です。しかし、もう一歩深く「つくる」ことにはどんな意味があるのか考えてみましょう。筆者は造形表現とは描く事や作る事を通してこの世界をとりまく様々なものと出会い、その魅力を味わい、感じた事を表すことだと考えます。また、より広く捉えるならば色彩豊かな風景を「見る」ことやその魅力を「感じる」ことも造形表現の大切な要素です。

キーワード　造形表現、素材、技法、イメージ、感性

1　出会いから考える造形表現
（1）はじめに

　年齢の小さいうちは様々なものに出会い、感受性を高める活動が多く、大きくなって心や体が育ってくるにしたがって自分が想像したことや楽しかったことなどの気持ちを表す活動が増えてきます。

　幼稚園教育要領、幼保連携型認定こども園教育・保育要領の「表現　3内容の取扱い」の部分では、「（1）豊かな感性は、身近な環境と十分に関わる中で美しいもの、優れたもの、心を動かす出来事などに出会い、（後略）」また、保育所保育指針「第2章　保育の内容　2　1歳以上3歳未満児の保育に関わるねらい及び内容　オ表現（イ）内容」の部分でも、「①…（中略）様々な素材に触れて楽しむ」ことや「3　3歳以上児の保育に関するねらい及び内容」では「②生活の中で美しいものや心を動かす出来事に触れ（後略）」と出会いの大切さについて触れられています。

　以下では「出会い」に着目し、具体的にどのようなものや出来事と出会うのか、詳しく見て行きたいと思います。

（2）モノ（素材や道具）との出会い

　造形表現の大きな特徴の一つに素材や道具の存在が挙げられます。素材には、紙や布、粘土、木などの材料から、プラスチック容器や割り箸、ビニール袋などの身のまわりの様々なもの、絵の具やクレヨンなどの素材と道具の両方の性質を持つものなど、実に様々なものが描いたり作ったりするための素材となります。私達は「描く」「作る」という行為を通して、これらの素材を手に取り、様々な角度から見て確かめたりすることで、素材の質感や特徴を感じ取り、ちぎった

りくっつけたりといった加工を施すなかで、「こんなふうに作りたい」と思った気持ちを表現したり、新しい面白さに出会います。素材とその組み合わせの多様さは無限にあるといってもよいでしょう。

それでは、子どもたちにとって、どんな素材が適しているでしょうか。

一つには「応答的」な素材です。「応答的」とは「働きかけに応えてくれる」ということです。例えば、紙は引っ張れば破れますし、粘土は押さえるとへこみます。このように、子どもが「こうしたい」という気持ちと行為を受け止め、そのように変化してくれることが、子どもの意欲を増し、表現したいという気持ちを育みます。

もう一つは「組み合わせが面白い」素材です。身の回りのものを使った工作などはこちらの部類に入るでしょう。お菓子の箱やストロー、ヨーグルトのカップなどはシンプルな形が組み合わせを可能にし、見立てを生み、車や動物などの新しい世界を生み出すでしょう。

それから、色が美しい、キラキラ光るなど「素材自体が魅力的なもの」も子どもの感性を刺激します。秋には美しく紅葉した葉っぱを素材として用いても良いですし、キラキラしたペットボトルやビーズも子どもたちは大好きです。

このような観点で捉えるとあらゆるものが造形表現の素材としての可能性を秘めている事に気づかされます。「これ、面白いな」「あ、これは○○に使えそうだ」などと素材の魅力を発見出来る視点を持つように心がけるとよいですね。

（3）人との出会い〜人と出会う、自分と出会う

造形表現活動は、制作の過程で、素材について隣の友達とお話ししたり、物の貸し借りを行ったり、協力したり…と子どもどうしや保育者との出会いがあります。また、できたものを通してお家の人と話すなど、コミュニケーションのきっかけとなります。

さらに、制作を通して、自分の心を見つめる時間を過ごす事も見逃せません。以下ではこのような人との出会いについて見ていきましょう。

1）子どもどうしの関わり

活動を進める中で、作ったものを見せあいっこしたり、出来たものについてお話ししあうなど、子どもどうしが交流する様子が見られます。このことは自分が作った「自分だけの世界」だけでなく、「他の人の世界」に触れる、貴重な体験です。同じテーマで作っても、配色や筆致などはそれぞれの子ども独自のものです。体験を共有しながら自分とは異なる価値観に触れる経験となります。また、紙をちょっと支えてもらったり、道具を貸してもらったりなど助け合いが生まれることもあるでしょう。

皆で大きな作品を作る「共同制作」も保育の場では良く行われます。制作の過程で協力しあい、

他者から刺激を受けながら作品を作り進め、完成時には達成感と一体感を感じる体験となります。

　このような体験は大きくなってからも人とのつながりの中で生きる力につながっています。

　２）制作中の保育者の関わり

　活動を行うなかで、当然子どもと保育者のコミュニケーションが生まれます。保育者はどのような視点を持って子どもたちに接すると良いでしょうか。

　ⅰ）共感的受容

　まず、子どもの気持ちに共感し、表現を受け止めることが大切です。子どもたちの頑張りや発見をともに喜びましょう。子どもたちは「せんせい」の発する様々なサインを受け取っています。「がんばっているね」「○○描いたの」などの言葉かけはもちろん、微笑む、頷くなど言葉ではない働きかけも大切です。肯定的な働きかけを受け取ることで子ども達は「これでいいんだ」と安心感を持って活動に取り組むことができます。

　何を作っているのか、大人から見るとわからないものもたくさんあります。そのような時も否定せず、「何をつくっているの？」「お話しきかせて」と聞いてみましょう。そこには大人からは想像できないような豊かな世界が広がっていたり、その時の子どもの気持ちが込められていたりします。

　ⅱ）共有すること

　幼稚園教育要領　表現　3内容の取扱い（1）では、「（前略）…出来事などに出会い、そこから得た感動を他の幼児や教師と共有し…」と共有することについて触れられています。保育所保育指針　第1章　4　幼児教育を行う施設として共有すべき事項（2）幼児期の終わりまでに育ってほしい姿　ウ　協同性　においても「友達と関わる中で、互いの思いや考えなどを共有し…（後略）」と明記され、また、コ　豊かな感性と表現　では「（前略）…友達同士で表現する過程を楽しんだり（後略）」と述べられています。子どもが発見したこと、工夫している所、頑張った所などについて他の子にも伝えることが、その子への肯定になりますし、他の子どもにとっては自分とはまた違った新たな世界に触れる事になります。保育者は子ども達の表現をよく見て、良かったところ、頑張ったところ、工夫がみられるところ等を共有し合えるような働きかけを行うことが大切です。

　ⅲ）手助けについて

　造形表現活動において、保育者が悩みやすいところが「手助け」の問題です。「手伝ったら、やってやって、となってしまい、自分でしなくなってしまった」「子どもの作品に手を加えることに抵抗がある」など悩みはつきません。このような悩みを持つ保育者はある意味では自分の働きかけについてこれで良いのか常に考える姿勢を持っている良き保育者でもあります。

　逆に「できない所を放っておいたら、飽きて別の事を始めた」「できなくて泣いてしまった」

となってしまう場合もあります。

　難しい問題ですね。出来るだけ自分でやり遂げることが成長につながるという考え方がある一方で、大人に教えてもらったり、一緒にやってもらったり、助けてもらう事で出来るようになることもあるとの考え方もあります。これはどちらが正しいという問題ではありません。その場、その子の状況に応じて判断することが必要となってきます。

　具体的には、子ども自身が何とかしようと試行錯誤している場合には手助け不要だと思います。様子を見守りましょう。一方で、ある部分が何度やってもできず、ちょっと手助けすれば先に進めそうな見通しが持てる場合には手助けをすると良いでしょう。手助けと言っても、やってあげるだけでなく、やり方を見せる、ゆっくり一緒にしてみるなど色々な方法があります。

　手順のほとんどが出来なさそうな場合はその活動が発達段階に合っていなかったのかもしれません。それから、「やってやって」となる場合には、もしかしたら甘えたい理由が他にあるのかもしれません。

　子どもが作る上での壁にぶち当たった際、その壁がその子に乗り越えられそうな壁なのか、少し手助けすれば越えられそうか、まったく越えられなさそうか、保育者が良く見て判断することが必要となります。

3）自分との出会い

　自分は何色が好きか考える、好きな材料を選ぶ、楽しい・面白いと感じる、発見する、集中する、どうすればいいか悩む、いろいろな方法にチャレンジしてみるなど、活動を通して子どもたちは様々な心の動きを体験します。保育者は子どもたちが思う存分活動に没頭して心をのびのび動かせるように、環境を整えることが大切です。まずは安全であること、それから感じたり考えたりできるよう、様々な「きっかけ」を提供することがポイントです。

2　制作を通して学ぶ事〜事例を通して

（1）はじめに

　それではここで、実際の制作活動を通して作り手がどんな事を感じたり、知ったり、体験出来るか見てみましょう。

＜事例：カスタネットを作って遊ぼう＞

　材料：厚めの紙１枚、ペットボトルのフタ２個、輪ゴム１本、穴あけパンチ、シール、ペン

　事前準備：厚めの紙を作りたいカスタネットの２倍の長さに切っておく

　　　　　　その紙を真ん中で二つに折り目をつける。

　　　　　　折り目の方に指を通す輪ゴムをつけるための穴をあけておく

〈カスタネットの作り方〉

① 厚紙を作りたいカスタネットの
2倍の長さに切っておく

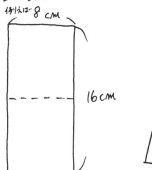

例えば 8cm

16cm

② 真ん中で2つ折りにし、
折り目側に穴をあける

パンチで穴を
あけておく

※ 丸やギザギザなど
好きな形に切っても
よいですね。

バラバラに
ならないように
注意!

③ いったん紙を広げ、短い方の辺の両側、
真ん中あたりにペットボトルのフタを貼る

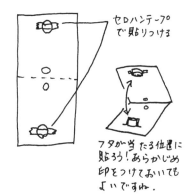

セロハンテープ
で貼りつける

フタが当たる位置に
貼ろう!あらかじめ
印をつけておいても
よいですね。

④ シールを貼ったり、好きな絵を描く
などして、「自分だけの」カスタネットにする

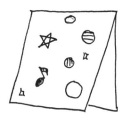

⑤ 穴に輪ゴムを通し、
指を通る部分を作る

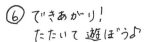

くぐらせて
キュッとしめる

⑥ できあがり!
たたいて遊ぼう♪

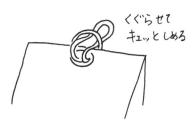

作り方：紙の短辺の真ん中あたりにペットボトルのフタをセロハンテープで貼る。

　　　　　紙を折り、フタがあたる位置にもう一つフタを取り付ける。

　　　　　本体の外側にシールを貼ったり、ペンで好きな絵を描く。

　　　　　穴に輪ゴムを通し、指を通す部分を作る。

（2）仕組みを知る

　あなたはカスタネットがどうして良い響きの音がするか、知っていますか？カスタネットを改めて良く見ると、形は片側がゴムなどでくっついていて、反対側は開いていて、たたくと閉じ、手を離すと元のように開きます。制作では、紙を二つに折ることでこの形を再現し、厚手の紙を使用する事で紙がピンと張って開閉を可能にしています。

　次にカスタネットの内側をよく見ると、開いた側の先に小さな出っ張りがあり、真ん中はへこんで空間があります。制作ではこの小さな出っ張りをペットボトルのフタで再現し、フタの厚みによって空間を生んでいます。

　この制作を体験する事で、このカスタネットの仕組みを自然に体験し、知る事ができます。

　この事は、例えばマラカスを作るときには固い入れ物に粒状のものを入れるなど様々な制作にいえることです。日ごろからいろいろなモノの仕組みについて「どうなっているのかな？」と意識してみるとよいでしょう。

実際のカスタネット
下部に凸部分があり、真ん中が凹んでいることによって音が響く

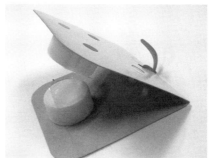

制作したカスタネット
ペットボトルのフタで凸部分と空間を再現している

（3）素材の性質を感じる、味わう

　制作を行う際には、当然ですが、紙やセロハンテープ、ペットボトルのフタなどに触れながら進めます。その時、その紙の手触り、折る手応え、テープのペタペタ、フタの固さや側面のギザギザなど、それぞれの性質や質感を感じます。子どもたちの手はセンサーのようにあらゆるモノに触れ、触覚的にその性質を学んでいくのです。

（4）道具や技法に出会う

　セロハンテープを扱うには少々コツが必要です。テープ台を押さえてテープを引き出し、歯の所でテープを下に向けて引っ張るとうまく切れますね。ペンで模様を描く時も、手で紙を押さえながら、ペンを持ち、コントロールして描きます。

　また、フタを押さえながらテープを貼るなど、子どもにとっては少々複雑な動きも体験します。制作を通して、様々なことを感じながらたくさん手を動かす体験を積み重ねる事で、手指の巧緻性が高まり、感覚も豊かになります。

　大人が意識する事なく出来る動作も、子どもたちにとっては初めての出会いです。繰り返し行う事で一つ一つの動作を習得して行きます。道具の使い方や描き方を知り、出来るようになる事は、子どもたちにとって大きな喜びであるとともに、普段の生活で様々な動作を行う「生きる力」へとつながっています。

（5）イメージを表現する

　「好きなシールを貼る」「好きな絵を描く」という活動はよく見られる制作上の一場面ですが、とても大切な意味を持っています。

　シール貼りという活動の中にも、自分が好きな色や形はどんなものか、と自分に問いかけ、選び、良いと思う位置にレイアウトするというプロセスがあります。また、「好きな絵」を「描く」という行動は、（初期は身体的な快感が優勢となりますが）自分の心に浮かんだイメージをペンで描いて、具体的に表現するという事です。

　自分がどんなものが好きか、心をみつめ、表現することは人として豊かな情操を育むために大切にしたい力です。好きなように表現する事で作品が自分だけのものとなり、作り上げる喜びや達成感、作ったものへの愛着がわき上がってくることでしょう。

（6）つくったものを味わう

　「自分だけの」カスタネットが出来上がったら、おそらく自然に打ち鳴らしてみたくなるでしょう。出来たものをしげしげ見つめる子もいるかもしれません。そういった行為をとおして、作って終わりではなく、出来たものを見る、使う、遊ぶ、飾るなどして味わうことを通して作品の良さや性質などをより深く感じる体験となります。

（7）コミュニケーションを図る

　作っている間にも、セロハンテープの台を押さえる子とテープを切る子といったふうに助け合ったり、ペンの貸し借りをしたり、お互いに何を描いているか話をしたりと自然なやりとりが生まれます。

　出来上がってからも、見せ合いっこする、一緒に鳴らす、作品について話すなど様々なコミュニケーションが生まれます。

　一人でじっくり作っても楽しい工作ですが、友達や先生と楽しさを共有し、発展させる事が出来るのも工作の魅力的な活動です。

（8）出来事をつくりだす

　出来たカスタネットを使って合奏をしてみましょう。普段行っているリズム遊びに使ったり、＜おもちゃのチャチャチャ＞などの歌に取り入れても楽しい活動になるでしょう。発表会に使用するなどの活用も考えられます。そうすると、「作る」という活動から、遊びや行事へと心を豊かにする「出来事」へとつなげて行く事ができます。

　他の絵画や工作の場合でも描いたものを壁一面に飾ったり、小道具として劇に使ったりと様々な展開が考えられます。

（9）　まとめ

　これまで見てきたように、「カスタネットを作る」という一つの制作活動にも様々な学びや体験、心の動きがつまっていることがおわかりいただけましたでしょうか。これらの事は保育者が意識しているか、いないかによって活動の豊かさや発展性が大きく異なってきます。すべて盛り込むことは難しいかもしれませんが、自分が計画した制作活動に、どのような意義、面白さ、発展可能性があるのかを、常に意識して考える姿勢を持つとよいでしょう。

3　様々な領域との関わり

　造形表現は、モノを作るという性質から制作単独の活動と考えられがちですが、実は様々な領域との関わりを持っています。例えば「おいもほりの絵を描く」活動では、お芋ほりという行事の中で、土や葉に触れ、お芋を引っこ抜いたりします。友達と比べっこする子どももいるでしょう。お芋ほりの様子を家族にお話しする子もいることでしょう。このように自然環境に触れることや人との関わりを感じるような出来事があって、その上に楽しい思い出としてのイメージがあり、それを描くという制作行為で表しているのです。

　こどもの日にこいのぼりを作ったり、七夕かざりを作ったり歳時記を楽しむ活動も魅力的です。自分達で作って飾ることによって、行事に親しみを持つとともに、より鮮明なイメージを持つことができるでしょう。

　それでは、どのような活動が可能か考えてみましょう。

・行事―運動会、発表会、卒園式など園の行事に向けて道具や飾りを作ることで、行事への期待感を高めることが出来ます。また、行事が終わってから振り返って絵を描くなどの活動が行われることもあります。

　　さらに、日本にはお正月、節分、ひなまつり、こどもの日、七夕…と季節折々の行事があります。これらの行事に関わるものづくりを行うことで、行事の内容を味わう体験となります。

・自然科学―風車を作って、風の流れを感じる、木の葉っぱの色の美しさを活かして飾りをつくる、ヨットを作り、浮かべて水の流れを感じる、なども楽しい活動です。これらの活動を通じて子ども達は自然に触れ、その性質を感じることが出来るでしょう。

・文化―折り紙やコマなどの伝承つくり遊びはもちろん、お祭りなどの地域の文化を題材にすることもできます。また、外国の布の模様や、服などに着目するのも面白い活動です。

・社会―私たちを取り巻く社会にある様々な表示や道具、建物、乗り物などは人がデザインしたものです。例えば一般的に、幼稚園などで消防車の絵を描くなどの活動が行われていますが、絵を描くことをきっかけに消防士さんや消防車、ひいては防火活動の存在を知り、興味を持つことを目的としています。環境問題などもよく取りあげられます。

・身体―描いたり、作ったりする際の体の感覚、素材の手触りを感じること、など、ものづくりを通して様々な体の感覚が刺激を受けます。「手触り」や「匂い」「バランス」といった身体感覚をテーマにした活動も面白いかもしれませんね。また、「人の体」を知るために全身を描いたり、人形を作るなどの活動が行われる事もあります。

・形のない概念―私たちの身の回りには、時間、光と影、物語、色彩、感情など形はないかもしれないけれど、存在するものが色々ありますね。これらを題材にものづくりを行うことも、この世界を味わう魅力的な活動です。ものづくりを通してこれらの概念に触れ、気づき、味わい、それを表現して遊ぶことができます。

・人との関わり―家族やお友達をテーマに活動する、共同で一つの大きなものを作る、など制作を通して周りの人とのコミュニケーションを生み出すことができます。

・音楽―マラカスや太鼓などの楽器を作ってリズム遊びをする、などはとても楽しい活動です。また、音楽を聴いて感じた気持ちを絵で表現するなども感性を豊かにしてくれるでしょう。

・健康・衛生・食育―「早寝早起き」「歯みがきしよう」「手を洗おう」「おいしく何でも食べよう」などのテーマで壁飾りを皆で作ったりする活動が挙げられます。お話しだけで学ぶよりも、楽しく実感的に学ぶことができます。

　以上、いくつか触れましたが、保育者の発想しだいで、造形表現は様々な活動と一体となって

活動することができます。あなたもどのような活動ができるか考えてみましょう。

4　「先生」になるあなたへ～メッセージ

　ここまで読んでくださった皆さんにお伝えしたい事は「おそれず手を動かして」「好奇心を持って」「生活を楽しんで」の３点です。

（1）おそれず手を動かして

　どんな活動をしようかな、と考える時、あなたはまずどうしますか？本やインターネットを調べるでしょうか。もちろんそれも意味のあることです。そこに、一つ「実際にやってみる」ことを加えていただきたいのです。じっと悩んでいた時には考えが進まなかったことが、素材に触れて、いろいろな角度でみたり、なんとなく切ったり折ったりと手を動かしているうちに、それまでとは違った角度からものごとが見えるようになったり、アイデアがひらめく事があります。特に苦手意識があると、ためしに作ってみることもおっくうなものですが、勇気をだして「とりあえずやってみる」ことが、次の一歩へのエネルギーをくれることがあります。

　頭で考えることも大切ですが、ぜひ手や物を通して考えるという視点を持ってください。

（2）好奇心を持って

　これまでも触れましたが、あらゆるものが造形表現の素材やテーマになりうる可能性を持っています。何かものや出来事に出合った時に、「この仕組みはどうなっているんだろう」「この素材は何かな？」「これは工作に使えそう」「これを作った人はどんな気持ちだったのかな」など、好奇心を持って見てみてください。そういった体験の積み重ねが保育に活きてきます。

（3）生活を楽しんで

　子ども達に豊かな感性を育んでもらうためには、保育者自身も感性豊かであろうとする心がけが大切です。といっても、特別に美術の勉強をする、というのではなく、日常生活の中で様々な美しさや面白さを感じて欲しいと思います。普段何気なく見過ごしているものにも、改めてみるとハッとするような美しさに気づくこともあります。

　例えば、季節の花々や紅葉など自然の美しさに触れる、映画や音楽に感動する、ファッションを楽しむことも造形的視点を持てば色や模様の美しさ、生地などの素材の面白さがあります。食べることだって、盛り付けの鮮やかさや組み合わせの面白さ、作る時の段取り、周りの人と話を共有する楽しさにつながっています。そういった身の回りの物や出来事を楽しみ、自分自身の心の中が豊かになることが、子ども達へ表現の楽しさを伝える原動力になってゆくのではないでしょうか。ぜひ、普段の生活から様々なものの美しさや出来事の面白さを感じ取り、楽しむよう

にしてください。

参考文献

・文部科学省『幼稚園教育要領』＜平成29年告示＞フレーベル社
・厚生労働省『保育所保育指針』＜平成29年告示＞フレーベル社
・内閣府・文部科学省・厚生労働省『幼保連携型認定こども園教育・保育要領』＜平成29年告示＞フレーベル社

＊お薦めの本

・ブルーノ・ムナーリ著　萱野有美訳（2006）『ファンタジア』みすず書房
　著者はイタリアのデザイナーであり、その活動範囲はポスターや工業デザインはもちろん、彫刻、絵画、装丁、絵本、子どものワークショップ発案…と非常に幅広くクリエイティブなものでした。『ファンタジア』は多様な活動をした著者が「創造力」「自由な発想」をめぐるさまざまな要素について、考察した本です。著作中で紹介される様々なアート活動（とりわけ子どもの活動）も楽しく、魅力的です。
・ジュード・スチュワート著　細谷由依子訳（2014）『色と意味の本』フィルムアート社
　あなたは何色が好きですか？それはどうして？この本は様々な色について、その色が色々な文化でどのような意味を持っているのかをわかりやすく紹介した本です。それぞれのエピソードが面白く、読んだら誰かに話したくなりますよ！
・岡本太郎著（2011（第26刷））『今日の芸術』光文社
　「岡本太郎」を知っていますか？40年くらい前に活躍した芸術家です。あの、太陽の塔をデザインした事でも知られています。「芸術は爆発だ！」という言葉を聞いたことがある人がいるかもしれませんね。当時示された強烈なキャラクターとは裏腹に、芸術については非常に真摯に向き合って考察し、文章として残しています。「なぜ芸術があるのか」「わからない絵の魅力」「芸術はつねに新しい」「見ることは、創ることである」「自由の実験室」「子どもと絵」など多岐に渡る考察を述べています。率直な言葉もわかりやすく、今読んでも気づきの多い一冊です。
・レッジョ・チルドレン著　ワタリウム美術館編（2012）『子どもたちの100の言葉』日東書院本社
　イタリアの小さな町、レッジョ・エミリア市のアート教育実践の記録です。子ども達の心が豊かになるための環境設定や、プロジェクトと言われる長期にわたる創作活動、子ども達の作品、制作中のつぶやきなどが美しい写真とともに紹介されています。「光で描く」「雨と町」「小鳥の遊園地」などのテーマをみているだけでも想像力が刺激される一冊です。

（下口　美帆）

コラム3　　保育って誰にでもできること？

　幼稚園や保育園の先生方の動きをながめていると、思わずうっとりしてしまいます。

　先生はこちらで○○したかと思うと、次は別のところで△△して、さらにその後、□□しながら、☆☆して……。その動きには無駄がなく、先生方はさまざまなところに目をくばりながら、短時間のうちにたくさんのことをこなしていかれます。

　しかし、その後、「先生！　今の動き、本当にすばらしい！　いったいどんなことを考えて動いておられたのですか？」と聞いてみても、先生から返ってくるのは、「え？　今、私そんなことしてました？」とか、「いや～、何となく」といった答えで、先生自身、その時のことはよく覚えておられないように思います。

　こうした現象についてもう少し考えてみるために、学生のみなさんにとって身近な例をあげてみましょう。保育室でお絵かき遊びをする時には新聞紙を用意しますね。机の上に新聞紙が敷いてあれば、子どもたちの絵が少々紙からはみ出しても大丈夫。子どもたちは思いきりお絵かきを楽しめますし、後の片付けも簡単で、見守る先生にも心の余裕ができます。新聞紙はお絵かきを楽しませてくれる大切な環境の一つといえるでしょう。

　しかし、お絵かきの際にこの新聞紙を用意するということを、私はすぐに忘れます。そして当日になって大変あわてます。それは私の中で、まだお絵かきと新聞紙がしっかりと結びついていないからです。あるいは、頭の中では結びついていても、身体がついてこない、そういった状態にあるかと思われます。

　それに対し、学生のみなさんは実習に行くと、さっと準備できるようになって帰ってきます。なんとすばらしいことでしょう！　ただ、このように私が大いに感動しても、学生のみなさんからは「先生、そんなの当たり前やん！」という冷静な答えがかえってきます。

　しかし、お絵かきの時に新聞紙を当たり前のように準備できること、これこそが保育で求められる学びなのではないか、と私は考えます。つまり保育者になるためには、「お絵かき」と「新聞紙」という結びつきについて知るとともに、さっと自分で準備できるようになること（ちょっと難しい言葉で言うと、保育者として求められる動きが自分の身体で再現できるようになること）が必要です。そして後半の部分、自分でできるようになることが、実はとても難しいことなのです。「わかること」と「できること」は必ずしも同じではありません。わかっていてもできないことはたくさんあります。

　では、どうやったら早くできるようになるのか、何か魔法の方法はないのか、とみなさんは考えるかもしれません。しかし、保育はスポーツと同じです。保育者として求められる動きが、自分の身体でできるようになるためには、「意識しながら繰り返す」しか方法はありません。みなさんは実習や授業で保育指導案を書かなくてはなりません。保育指導案を書くことで、保育の流れを意識する。それからそのプランを実際に自分でやってみる。そして、やってみた後に振り返る。この流れが、保育者としての動きを自分の身体に覚えさせるための大切なトレーニング方法なのです。

　コラムの冒頭にあげた先生方の美しい動きは、お絵かきと新聞紙、というような保育を豊かにするつながりをたくさん覚えたうえで、何度も意識しながら身体を動かした結果、先生方の身体が覚えた技（わざ）なのです。一度、身体で覚えると、特に深く考えなくても、身体が自然に動いてくれるようになります。みなさんが今、自転車に乗る時、いちいち深く考えなくても運転できるのと同じ状態です。

　でも、最初に自転車に乗った時は大変だったはず。みなさんは保育の現場で、これから何度も「わからなかった」こと、「わかっていてもできなかった」ことに出会うことでしょう。つらい気持ちになるこ

ともたくさんあるかと思います。

　しかし、自分でできるようになるには、もう一度やってみることが必要です。たくさん泣いた後には、勇気をふるってもう一度挑戦してみましょう。

　そしてその時、みなさんが新たな気づきに出会えますように！ （山﨑　玲奈）

4章　五感を使って伸ばす科学の芽

　乳幼児期の子どもは、とても自由に、あらゆるものをなめ、さわり、やぶり、こわし、動き回ります。そのような子どもの行動は、多くの場合大いに大人を困らせますが、子どもたちにとっては自分の周りの環境を一つ一つ認識して世界を学ぶ、重要な学習の機会となっています。乳幼児期の身近な自然や環境に関する様々な体験は、子どもたちの知識と経験を増やし、好奇心を育み、探求心と科学的思考力の重要な源となります。子どもたちの能力と科学の芽は五感を使って伸ばしましょう。

キーワード　環境、自然、五感（視覚・聴覚・嗅覚・味覚・触覚）、科学的好奇心

1　こどもは五感を使って世界を知る

（1）鉄棒の味、ご存じですか？

　皆さんは、鉄棒の味をご存知でしょうか。おそらく、ほとんどの方はご存知だと思います。「鉄の味」、または、鉄さびやつばや土の味が混ざった「鉄棒の味」ですね。

　ではなぜ、みんなが汚れた手で握る、不潔な鉄棒の味を私たちは知っているのでしょうか。それは、子どもの頃に、鉄棒をべろべろなめていたからです。大人になるとすっかり忘れていますが、私たちは、子どもの頃に手に触れることができるあらゆるものをなめて育っています。床、畳、柱、つみ木、草、紙、土、ねんど、クレパス、絵の具、絵筆、墨汁……。私たちにこれらの味のイメージができるのは、幼児期に何度もなめたことがあるからです。

（2）なぜ子どもは何でもなめるのか？

　それではなぜ、子どもたちはありとあらゆるものをなめるのでしょうか。それは、なめるという行為からは、触覚、味覚、嗅覚という3つの感覚を同時に得られるからです。なめることによって多くの情報を得ることができ、その物についてより深く認知することができます。

リモコンをなめる子ども

　何か物があるとき、子どもはまず、見て、聞くことで、物の視覚と聴覚の情報を得ます。しかし、これだけでは物の性質について知ることはできません。そこで、さわってみます。さわると、その質感を知ることができます。しかし、これでもまだ物の性質はわかりません。そこで最後に、なめてみます。なめると、舌の上で水に溶ける物質は味となり、蒸発する物質はにおいとなり、

神経が密に分布するために詳細な質感（固い－柔らかい、すべすべ－ざらざら、冷たい－暖かい）が得られることで、その物の性質を総合的に学習することができるのです。苦さは毒の味として、酸っぱさは腐敗の味として進化した人間の味覚だといわれています。子どもたちは、身の回りの物がどのようにおいしくないかを味覚から理解することで、口に入れるべきものかどうかを判断し、やがて物をなめなくても、見ただけでそのものの特性（食べ物か食べ物でないか、固いかやわらかいかなど）を理解できるようになります。これを繰り返すことで、私たちはいちいちなめなくても、物の素材がどのような性質を持っているかわかり、物を性質ごとに分類したり、適切に使用したりできるようになるのです。

　生後5か月くらいの赤ちゃんは、自分の足をなめる行動をします。これは、赤ちゃんの運動機能の発達を示す指標となるものですが、その目的は自分の足を認知することにあるといわれています。自分の体ですら、子どもはなめることで理解するのです。

（3）子どもはいたずらと遊びで世界を学ぶ

　幼児期の子どもは、大人の困ることばかりします。手あたり次第何でもべろべろとなめ、おもちゃを床にたたきつけ、そこらじゅうの紙をびりびりとやぶり、トイレットペーパーをすべて引き出し、ごみ箱の中身を床にばらまき、蛇口の水をじゃあじゃあ出し、整頓されている本棚の本をすべて引っ張り出します。

　しかし、それらの困った行動が、子どもたちが自らの力で回りの環境を認識するための大切な行動だとしたら、どうでしょう。

　おもちゃを床にたたきつけることで、どのような音がするのか、おもちゃが固いかどうか、どのような力で壊れるかがわかります。紙をやぶることで、「紙は手でやぶることができる」ことを理解でき、びりびりいう音、破るときの手の感覚、紙が小さくなっていく様子や変化を知ることができます。トイレットペーパーをすべて引き出すことで、ロールにたくさんの紙が入っていること、引き出すほどに目の前の紙の量が増えていく変化を見ることができます。ごみ箱をひっくり返して中身を床にばらまくことで、ごみ箱をひっくり返す前と後の様子の違い、ごみ箱の中に何が入っているかを知ることができるだけでなく、ごみ箱の役割までも理解できるかもしれません。蛇口の水をじゃあじゃあ出すことで、流れる水の感触や冷たさ、触れると飛び散る水の動きや音の変化を知ることができます。本棚から本を出すことで、かたまりに見える本棚の本が、すべて1冊ずつの本からできていること、引き出す時の本の質感や力の入れ方、1冊ずつ引き出した時見

戸棚の中身を引っ張り出す子ども

た目はどのように変化するのかなどがわかります。

　このように、一見いたずらのように見える行動も、子どもが自分の回りにある環境を、五感を駆使して自発的に認知するための行動ととらえると、それ自体が自然や社会の環境を正しく理解するための重要な学びの機会であるといえます。いたずらはすべての子どもの発達過程でみられ、何度か繰り返して対象が理解できると、やがて行わなくなります。したがって、できるだけ怒ったり叱ったりせず、「おもちゃこわれちゃったね」「紙がいっぱいになったね」「ゴミがいっぱい出てきたね」などと、状況を説明する言葉をかけると、子どもが自分の行動の意味をより理解できると考えられます。なお、筆者は幼児期に、糸切ばさみが鉄色で味気ないのを見て、刃の一方をクレヨンで赤色に、もう一方を緑色に塗って、ほめられると思って意気揚々と「きれいでしょ」と母親に見せたところ、烈火のごとく怒られた、という経験があります。あの時、「ああ、きれいだね。でも、はさみには色を塗ったらだめだよ」と優しく言われていたら、きっと満足するとともに、何をすべきでないかも理解できたと思います。

　なお、このようないたずら行動は、子どもの学習行動であるという理解が親にない場合、しつけと称する幼児虐待につながることがあります。このような虐待を防ぐために保育者としてできることは、幼児教育の専門家の立場から、保護者会やクラス通信などを通して「いたずらは脳とからだの発達の正常な過程である」ことを、ことあるごとに説明するのがよいと思います。

　さて、子どもの脳の認知機能が発達すると、一定の枠組みで活動する遊びができるようになります。遊びも、いたずら同様に、自然や社会の環境を学ぶための重要な機会となります。様々な自然の事物や現象、芸術や人文社会の様々な事象をみつけ、この世界がどのように成り立っているかを広く理解できるような遊びやゲームを保育者が設定することで、より広い知見を子どもは得ることができると考えられます。

（4）鉄棒の味から科学的思考へ

　幼児期に様々な事象に出会うことは、その後の発達過程で科学的思考力を伸ばすことに大いに役立ちます。

　例えば、鉄棒の味や感触を知っている子どもは、他の鉄製品の味や触感、例えば机の脚や金づちと味や触感も似ていることに気づくでしょう。様々なものに触れ合うことで、まったく違う形や用途の物でも、同じ材質でできた物があることを理解することができます。小学校になると、物の性質を調べる学習が始まります。例えば「電気を通すもの」の学習の際には、様々な物体に電気を通して性質を調べる学習をしますが、この時、材質が異なる様々な物を集める作業では、幼児期に様々な物の性質に出会っている経験が役立ちます。鉄が電気を通すことを学ぶと、身近な物のどれが鉄でできているかを経験で知っていると、初めて見る物体でも電気を通す性質を持っているかどうかを類推することができます。さらに、血液をなめたことがあれば、血液に鉄

の味が含まれていることに気づくでしょう。この経験を持つ子どもは、血液の赤血球にあるヘモグロビンという赤い色素に鉄が含まれていることを高校で学習する時、「鉄の味」と「血の味」と「鉄イオン」の存在が容易に結び付けられ、血液に鉄が含まれていること、人体を健康に保つには鉄分が必要であることを容易に理解することができるでしょう。

　科学とは、この世界にどのような事物や現象が存在するかを明らかにし、それらの事実から、様々な事物や事象が持つ普遍性や共通性を見出す行為です。幼児期に多くの様々な事物や現象を経験することで、小学校・中学校で学ぶ理科の諸現象や共通性を容易に理解することができるようになり、「もっと知りたい」という科学的好奇心と「なぜだろう」という科学的探究心につながると考えられます。

2　子どもたちの才能を伸ばす五感を使った環境遊び

　教室の中や園庭、公園などで、様々な物について、見て、さわって、聞いて、においをかいで、時には味わう体験をさせましょう。テーマを決めて、ゲームや競争のようにすると、より興味がかきたてられ、多くのことに気づくことができます。

　以下に、五感を使った環境遊びを紹介します。

　環境遊びの最大のコツは「子どもの発見を認める」ことです。「よく見つけたね」「本当にそうだね」と認められると、うれしくなって楽しい気持ちになり、もっと発見したいと思うようになります。また、認められている友達を見ると、自分も認められたいと思い、自分も発見したくなります（探求心）。みんなで積極的に取り組むことで、知識や経験、発見力が身につくだけではなく、チームとしての団結力も高まると考えられます。

（1）いろいろな葉っぱをちぎってさわってかいでみよう（触覚・嗅覚・視覚）

　園庭や公園には、木や草など、様々な植物が生えています。それらの葉っぱを1人1枚ずつちぎり取り、そのさわり心地やにおいを体験してみましょう。

　物にさわると、表面の質感、すなわちでこぼこかざらざらかつるつるかだけでなく、固いか柔らかいか、伸びるか伸びないか、曲がるか折れるかなどの材質の特性、温度、水分、ぬめりなど多くの感覚を感じることができます。葉っぱをはじめ、様々な物に触らせ、その感触を言葉で表現させてみましょう。例として様々な植物の種類を挙げていますが、名前がわからなくても、手に取ってじっくり観察するだけで様々な発見があります。

　葉をちぎってもむと、葉っぱの種類によって違うにおいがします。においの違いを楽しみましょう。

　子どもによっては、手あたり次第に葉をちぎっては捨てる様子が見られるかもしれません。そのときは、「木や草がかわいそうだね。1枚だけにしようね」と、声かけをしてもよいでしょう。

1）さわってみよう

・ツバキやサザンカ…表面はつるつるぴかぴか、裏はざらざら、固い

・シロツメクサ（クローバー）…ちょっとしめっぽい、やわらかい

・マツ、スギ…ざらざら、固い、先がとがっていて痛い、葉の根元がべとべと

・エノコログサ、シバ…ざらざら、かさかさ、葉のふちにギザギザがある

・ヨモギ…ざらざら、ふわふわ、葉の表面に毛が生えている

　ツバキやサザンカのような表面がツルツルした葉を持つ木は、照葉樹と呼ばれ、京都をはじめとした西日本の平地の森にふつうにみられる木です。表面のツルツルは、夏の強い日差しと乾燥を防ぐ役割をしています。

　シロツメクサのような双子葉類の草の葉は、柔らかく、しめった感じがします。

　マツやスギのように細くとがった葉を持つ木は、針葉樹と呼ばれます。やに成分を含むため、葉の根本や葉を折るとべとべとします。

　エノコログサやシバはイネ科植物のなかまで、細い葉を持ち、乾燥に強い性質を持っています。表面のザラザラや葉のふちのギザギザは、ガラスと同じ成分（プラントオパール）でできています。ススキのような固いイネ科植物の葉は、手でもぎ取ろうとすると葉のふちのギザギザで手を切ることがあるので、注意してちぎらせるようにしましょう。

　ヨモギの葉の表面に生えている毛は、集めてお灸のもぐさとして利用されていました。

　ところで、絶対にさわってはいけない葉に、ハゼノキなどウルシの仲間の葉があります。ウルシの仲間の葉にさわると、かぶれてひどくかゆくなり、赤く腫れあがります。ウルシの仲間は特徴的な葉を持つので、覚えておきましょう。

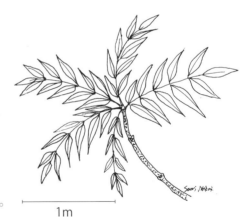

|← 1m →|

ウルシの仲間のハゼノキ

2）もんでにおいをかいでみよう

・シロツメクサ…草のにおい、いいにおい

・マツ、スギ…くさい、つんとするにおい

・エノコログサ、シバ…草のにおい、ちょっと甘い匂い

・クスノキ…くさい、すっとするにおい、へんなにおい

・ドクダミ…すごくくさい

・ヨモギ…くさい、薬のようなにおい

・ノビル…ネギのにおい、ニラのにおい、くさい

シロツメクサのような双子葉類の草の葉は、野菜のような、いかにも草のにおいがします。

マツやスギのような針葉樹は、やにのつんとするにおいがします。やには、虫や病原菌から葉や木を守る役割があります。

エノコログサやシバのようなイネ科植物は、葉や茎に糖分を持つので、少し甘いにおいがします。

クスノキは、香辛料のシナモンと近縁な木で、葉をもんでかぐと少し薬くさいさわやかなにおいがします。これは、樟脳（しょうのう）の基になる成分で、以前はこれを集めて防虫剤として使っていました。京都や奈良の寺社や公園に多く植えられています。これは、クスノキが虫に食べられにくい性質から、クスノキの幹で仏像を作っていた名残といわれています。

ドクダミは、もまなくても大変臭いにおいがします。昔から薬草として利用されてきました。さわるだけで手ににおいがしばらくつくので、葉はちぎり取らないで近くでかぐだけでもよいでしょう。

ヨモギは昔から薬草として利用されており、もんで汁を出した葉を傷口に塗って止血薬としても使われていました。

ノビルはネギの仲間の野生種で、春の野草として生でも食べられます。

（2）野草をかじってみよう（味覚・視覚・嗅覚）

・エノコログサ（春〜夏）…穂や葉を引っぱり、下の葉に包まれた部分から引き抜き、一番下の柔らかい部分をかじってみよう。ほんのり甘い味がする。

・スイバ（春）…葉をかじってみよう。すっぱい味がする。

・イタドリ（春）…茎や葉をかじってみよう。すっぱい味がする。

・カタバミ（春〜秋）…葉をかじってみよう。すっぱい味がする。

・セイヨウカラシナ（菜の花）（春）…葉をかじってみよう。からい味がする。

・ヨモギ（春〜秋）…葉をかじってみよう。にがい味がする。

・タンポポ（春〜秋）…葉をかじってみよう。にがい味がする。

エノコログサのようなイネ科植物は、葉や茎に糖をためる性質があり、そのため甘く感じます。イネ科植物はすべて茎に糖を持っているので、エノコログサに似た形をした草ならば、すべて茎の甘さを感じることができます。

スイバとイタドリは、食べられる春の野草として知られています。シュウ酸という酸が葉や茎に蓄えられているため、かじるととてもすっぱい味がします。

カタバミも、シュウ酸によってすっぱい味がします。

セイヨウカラシナは、アブラナのなかまで、土手など生え春に黄色い花を咲かせます。アブラナの仲間にはキャベツや白菜、大根などがあり、食べられます。種はカラシ（マスタード）

の原料になります。

　ヨモギはゆでてもち米と一緒につくことで、草餅になります。

　タンポポの葉は、ヨーロッパや韓国では生のままサラダで食べます。どの種類のタンポポも、生で食べられます。

　一般に、たとえ有毒な植物でも、かじって味をみる程度では別状ありません。以下に、身近な有毒植物を挙げます。これらをかじらせることはやめましょう。

　<u>身近な有毒植物…キョウチクトウ（フェニックス）、スイセン、スズラン、アセビ、イチョ
　　　　　　ウ</u>など

（3）色を見つけよう（視覚・触覚）

　保育室や園の廊下、プレイルームや園庭、公園の中や公園の行き帰りにみられる街の中から、特定の色を見つける競争をしましょう。見つけた色でできた物はどのような役割をしているでしょうか。1つ1つの「物」に注目することで、私たちの身の回りには様々な役割をする物があり、それらから社会が成り立っていることがわかります。また、さわれるものにはさわってみて、可能ならコンコンと軽くたたいてみましょう。色によって手触りや音に何か違いがあるでしょうか。たくさんさわっているうちに、色と物の材質にはそれほど関係ないことがわかります。また、色と物の役割には、少しだけ関係があることもわかります。

　研究によって、色の区別は年齢を追うごとに多くの色を識別することができるようになり[1]、また、色彩感覚の会得は学習によるもので、乳幼児期の視覚体験がその後の色彩感覚に決定的な影響を与えることが明らかになっています[2]。つまり、幼いころから様々な色に注目して親しむことによって、より詳細な色の違いがわかるようになり、豊かな色彩感覚を身につけられることを意味します。色彩感覚を身につけることは、芸術分野の才能を引き出し、自然科学分野の観察力の向上につながります。

　色さがしをする際には、はじめは赤・青・黄・緑などはっきりした色を選ぶとよいでしょう。

例）あかを見つけよう

　赤色をたくさん見つけよう

　・赤色の物…＜保育室＞折り紙、色画用紙、絵の具など

　　　　　　　＜廊下＞ポスター、注意のかんばん、手すりなど

　　　　　　　＜園庭＞ジャングルジム、スコップ、コーンなど

　　　　　　　＜公園＞遊具など

　　　　　　　＜街中＞かんばん、駐車禁止の標識、赤信号、など

引用文献

1 　竹井史．山野てるひ（1990）幼児期における色彩知覚の発達について．美術科教育学会誌11巻p199-215.
2 　Sugita,. (2004). Experience in early infancy is indispensable for color perception. Current Biology, 14(14), 1267-1271.

＊お薦めの本

・小林正明・小林茉由（2008）『草花遊び図鑑』全国農村教育協会
　昔ながらのものから新しいものまで、様々な草花遊びが紹介されています。
・千葉中央博物館（2010）『野草雑草検索図鑑』http://chiba-muse.jp/yasou2010/
　雑草の特徴から雑草の種類を簡単に調べることができます。

（中井　咲織）

コラム **4**　　　　大きいものなら何をなめても大丈夫

　子どもが様々なものをなめると、おなかを壊さないか、病気にならないか、体に悪いのでは、と心配になってしまいます。しかし、科学的には、それらの心配はほとんどなく、むしろ様々な病原体に対して免疫をつけることから、様々なものを口から摂取することは子どもの健康に役立つことが明らかになっています。

1　常在菌は基本的に無害で有益

　菌や細菌類は、私たちの身の回りにどこでも大量に存在します。そして、それら身の回りにいる菌は、人体にほとんど無害であることがわかっています。

　むしろ、肌や腸に生息する常在菌は、健康な体になくてはならないものであることが近年明らかになっています。肌の上に住んでいる常在菌は、肌を弱酸性に保ち病原菌などを撃退して肌荒れを防ぐ役割があります。腸の常在菌（腸内細菌）も、消化吸収を助けたりビタミンを合成するだけでなく、病原菌を殺したり、腸からの病原菌の侵入を防いだりする役割があります。これらの常在菌は、普通に生活する中で自然に体に住み着いたものです。この点からも、過度な殺菌・消毒や洗浄は、子どもの健康にはよくないといえます。

2　病気にかかるとその病気にかからなくなる

　生まれたばかりの赤ちゃんは、生後6か月くらいまでは病気（感染症や伝染病）にかかりにくいといわれています。お母さんから胎盤を通じてもらい、お母さんが生きてきた中で培った、様々な病原菌を撃退できる免疫物質（IgG）を血液中に持っているからです。しかし、生後6か月ごろには新陳代謝によって母由来の免疫は消失します。代わりに、赤ちゃんが生後様々な菌に自然に触れ合う中で、細菌類を撃退する免疫物質（IgM）を体内で次々に作り、自力で病原菌を撃退できるようになります。

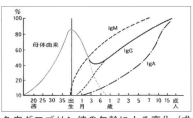

免疫グロブリン値の年齢による変化（成人を100とする相対値[1]）

　したがって、6か月を過ぎると様々な病気にかかりやすくなりますが、それは1つ1つの病原体を体が覚えて免疫をつける過程であり、どんどん丈夫で元気な体になっていることを意味します。「免疫は二度かかりなし」といわれ、一度かかった病気にはほぼ一生かからなくなります[1]。

　どんなに注意をしていても、普通の生活の中で子どもは病原菌由来の病気に感染します。多くの病気は重篤化せず自然治癒するか、適切な治療で元通りに治るので、ほかの子どもたちと元気に遊ばせ、病気になったら適切に治療して完治させることが重要です。

　もちろん、麻疹や風疹、ポリオなど、命の危険や障害が残るような病気にかからせるわけにはいきません。そこで、絶対かからせたくない病気のために、ワクチンがあります。ワクチンは、病原菌を無毒化または弱毒化させたもので、ワクチンを打つことで、免疫システムが病原菌を覚え、その病気にほぼかからない体になります。子どもが無料で受けられる定期接種のワクチンは、確実に接種させましょう。

　しかし、2019年末に発生した新型コロナウイルス感染症やこれまでも数回流行した新型インフルエンザのように、新規に登場した重篤な病気の場合は特別です。ワクチンも治療法もないため、とにかく感染しない／させないことが重要です。このような病気が流行した場合、国から、移動の制限や学校閉鎖

などの要請がなされます。国や公的機関からの正しい情報に注視し、それを守ることが重要です。

3　清潔な環境がアレルギーをつくる

　近年、清潔すぎる環境が、アレルギー体質の原因になっていることが明らかになってきました。アレルギーにさせないための方法は、生後1歳までに様々な細菌を吸う環境に置くこと、食べ物は早期に口から摂取させることの2つです。

　多くの研究結果から、農村や非衛生的環境で育った子どももアレルギーになりにくいことがわかっています[2]。子どもの免疫にかかわる体質は1歳〜1歳半ごろまでに確定しますが、動物の糞便中の細菌が作るエンドトキシンという毒素を1歳ごろまでに日常的に吸い込むことで、花粉やハウスダストなどが体内に侵入してもそれらを無害だと認識できるからだになります[3]。また、離乳期から卵やピーナツなどアレルギーになりそうな食べ物をすりつぶして口から食べさせると、食べさせない時と比べて80%以上の子どもが食物アレルギーにならないことも明らかになっています[3]。

　乳児を牧場や動物園に積極的に連れて行き、離乳期から様々な食べ物を分け隔てなく食べさせることが、子どものアレルギーを防ぐことにつながるといえます。

4　小さいサイズの物体に注意

　子どもがなめる上で、菌や細菌、ウイルスはほぼ安全といえますが、口に入る小さい物体は大変危険で、子どもが絶対に口にしないようにする注意が必要です。ビー玉やペンのふたなど口に入るサイズの物体は、飲み込んで窒息する可能性があります。特に注意すべきはボタン電池です。ボタン電池は、直径1〜2cm程度と小さく、乳幼児が誤って飲み込んでしまうと食道や胃の中で化学反応を起こし、生成した強アルカリ性の液体が食道や胃に1時間程度で穴をあけることもあり[4]、大変危険です。

5　清潔さは気持ちの問題

　とはいえ、汚いものや他の子が口にしたものは絶対に自分の子に使わせたくない保護者も少なくないでしょう。幼稚園や保育園でのおもちゃ類の定期的な清拭は、子どもを預ける保護者の「安心」のために必要なものだといえるでしょう。

（中井　咲織）

注　インフルエンザや風邪に何度もかかるのは、インフルエンザや風邪のウイルスは進化しやすく、毎年のように新しい型のウイルスが出現するためです。

文献

1　矢田純一（2007）医系免疫学改定10版．中外医学社p657．
2　Braun-Fahrländer et al.（2002）Environmental exposure to endotoxin and its relation to asthma in school-age children. N Engl J Med 347: p869-877.
3　斎藤博久（2016）次世代のためのアレルギー疾患発症の予防戦略．アレルギー65（10）p1264-1268．
4　国民生活センター（2014）乳幼児（特に1歳以下）のボタン電池の誤飲に注意！―重症化することを知らない保護者が6割も!!―国民生活センター報告書p1-16

5章　よく遊び、よく眠る
〜子ども本来の姿〜

　大人にとって便利になった現代の社会環境は、子どもが様々な動きを習得する機会を奪ってしまっています。また、大人社会の夜型化に伴い子どもの生活リズムもどんどん夜型化になり、様々な子どもの体の変化の大きな要因となっています。本章では、運動発達の視点から見た幼児期とはどのような時期なのか、どんな動きをこの時期に経験することが望ましいのか、また、子どもの生活リズムが夜型化することでどのような問題が起こってくるのかについて述べます。

キーワード　運動能力の発達、幼児期の発達課題、子どもの睡眠

1　現代の子どもの生活や動作に関する問題点

　子どもを取り巻く環境がこの数十年の間に大きく変化しています。子どもの遊び場がなくなり、遊びの内容も変化し、遊ぶ仲間が集うことも少なくなりました。そのような環境のもとで、子どもの体力・運動能力が著しく低下してきています。また、子どもの日常動作のぎこちなさが目立つようになり、午前中からあくびばかりする子ども、転んで手をついた際にすぐに骨折したり顔部に怪我をする、姿勢をまっすぐ保てないといったような子どもの体のおかしさをあげるときりがありません。

　現代の社会環境において、睡眠のリズムをはじめとした生活リズムの乱れ、エアコンが完備された生活空間などに代表される生活環境の変化、車社会に代表される運動量の大幅な減少、ゲーム機の普及などにより子どもの遊びの内容の変化が子どもの体力・運動能力を低下させた大きな要因であると考えられます。大人にとって便利になった社会環境の変化は、子どもが環境に対応する機会や動きを習得する機会をことごとく奪ってしまっているのです。

2　子どもの運動能力

（1）乳幼児期の運動能力の発達

　ヒトは生後約1年かけて歩行が可能になります。乳幼児期の発育発達を「動きの発達」の視点に絞って見ると、出生後の1年間は歩行運動を可能にするための準備期間と言えます。つまり、「おすわり」や「はいはい」、「つかまり立ち」といった姿勢の変化や運動の発達は、歩行運動を可能にするための過程と言えるでしょう。出生直後は反射的な運動としての動きがほとんどですが、成長に伴って次第に意思や欲求を伴った運動が増加してきます。

　1歳前後で歩行が可能になったのち、2歳までの1年間は歩行運動を基にした運動が発達する時期です。歩き始めた頃にはぎこちなかった歩行運動は1年ほどかけて動きが洗練され、人とし

ての歩行になるのです。2歳頃にはほぼ歩
行の型が整い、それと同時に走ることや両
足揃えての跳躍などの動きができるように
なります。幼稚園に入園する3〜4歳とい
う年齢は、多様な動きを習得し運動能力が
著しく発達する時期にあたります。日々の
遊びの中で友達とともに体を動かし、また
遊具や用具などを使いながら、様々な動き
を習得していく非常に重要な時期なのです。
この3〜4歳の頃に習得した動きを遊びの
中でさらに繰り返すことによって個々の動
きが洗練化され、身のこなしが巧みになっ
て様々な動きのコントロールができるよう
になるのが5〜6歳の時期になります。こ
のようにして小学校入学前には一通りの運
動の基本が身についているのが本来の子ど
もの運動能力の発達とされています。図1
に示すようにガラヒューは人の運動は胎児
期から1歳頃までを「反射的な運動の段
階」、3歳頃までを「初歩的な運動の段階」、
10歳頃までを「基礎的な運動の段階」、10
歳以降は「専門的な運動の段階」と、それ
ぞれのステージを経て発展していくと述べ
ています。

　このような観点から「走・跳・投」の運
動の基本要素のうち、「走」、「投」の運動
技能の発達を見てみましょう。子どもの走
運動を分析した図2が示すように、2歳男
児の走運動は歩幅が狭く腕の振りもほとん

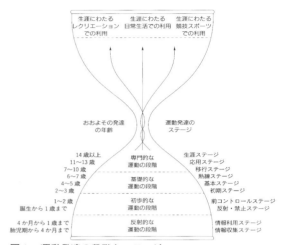

図1　運動発達の段階とステージ
(Gallahue、(1999)1)より)

2歳児

3歳児

4歳児

5歳児

図2　走運動の発達過程
(宮丸(1975)、民秋(2009)2)より)

どみられません。年齢が上がるに従い、次第に肘の曲げ、腕の振り、脚の引き上げと蹴り、キッ
ク時の上体の傾斜がみられ、また滞空時間も長くなっています。このフォームがガラヒューのい
う「基礎的な運動の段階」での5歳児の走運動の動きにあたるのです。

　また、投球運動の発達過程を断続的に分析した図3に見られるように、年少時、年中時、年長

図3　投運動の断続的発達（川添ら（1998）、民秋（2009）2）より）

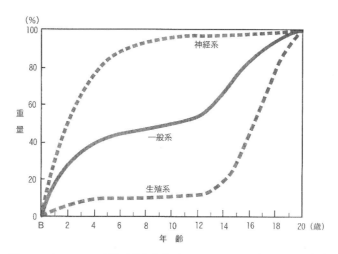

図4　スキャモンの臓器別発育曲線（Scammon、1930年の図一部改変）
（宮下（2010）3）より）

時のそれぞれの段階での投動作を比較すると、年少時には腕の伸展だけで投げていた動作が、年中時には利き腕と同じ側の脚の踏み出しがみられるようになり、年長時には利き腕と反対側の脚の踏み出し、腰・肩のひねり、胸のそりや大きなフォロースルーといった基本的な投球動作が完成している段階になります。このように、本来の発達過程では小学校に入学する頃には運動にかかわる基本的な身のこなしは習得できていることになるのです。

　一方、身体の発育についての説明には、スキャモンが表した「臓器別発育曲線」（1930）（図

４）がよく用いられます。この発育曲線は身体の各器官、臓器の発育は大別すると四つのパターンに分類され、成人の各器官、臓器の容量を100とした場合、それぞれの器官や臓器がどのように発育していくかを示したグラフです。身長、体重の発育は、一般系型が示すように出生直後と思春期以降、神経系の発育は３〜４歳頃が著しく、10歳頃には大人とほぼ同じ容量に成長しているのです。このほかにリンパ腺などの器官はリンパ型、思春期以降発育の著しい生殖系の四パターンに大別されます。四つの型の中で運動能力の発達に大きくかかわるものは一般系型と神経系型で、特に能などの神経系型の器官の発達の著しい幼児期に、多くの動作を遊びの中で経験することがその後のそれぞれの運動能力に大きな影響を及ぼすことになるのです。

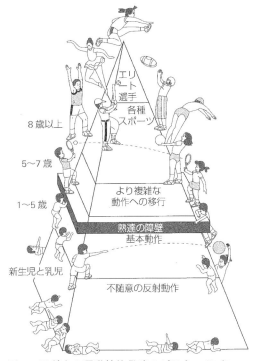

図５　子どもの運動技能発達のピラミッド（Brown、1990より引用改変）（宮下（2007）４）より）

　また、「子どもの運動技能の発達のピラミッド」（1990）（図５）に示すように、１〜５歳頃までの「基本動作を習得する段階」と、５〜７歳頃までの「より複雑な動作への移行する段階」との間には『運動技能熟達の障壁』が存在すると言われています。この図を表したブラウンは、「基本動作を５歳頃までに経験しないと、成長に伴う向上に障壁ができ、新しい『技術』の獲得が困難になる」と警告を発しています。さらに、宮下は「幼児のうちにさまざまな動きを体験する機会を親を中心とした周囲の人たちが積極的に与えなければ、潜在的には獲得可能なはずの運動の『技術』が身につきにくくなってしまう」とも述べています。

　このように、３〜６歳頃の幼児期は運動発達の過程から見ても非常に重要な時期であり、子どもが運動遊びに楽しく取り組むことのできる環境を整えることが重要になります。

（２）幼児期の運動に関する発達課題

　先に示したスキャモンの発育曲線（図４）のグラフからもわかるように、運動能力の発達にかかわる神経系の発育は３〜４歳頃が最も顕著です。神経系にかかわる体力の要素としては、平衡性・敏捷性・協応性・巧緻性があげられ、これらはまとめて「調整力」と呼ばれています。幼児期に遊びの中でさまざまな動きを経験することで、「調整力」が身につき、動きを滑らかに、巧

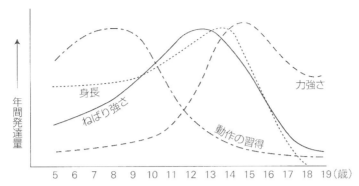

図6　運動能力や体力はいつ発達するのか（宮下、1980）
（宮下（2007）4）より）

みに行い、そしてしなやかに体を動かすことができるようになります。

　また、「運動能力や体力はいつ発達するのか」（1980）（図6）に示されるように、「動作の習得」、「粘り強さ」、「力強さ」といった運動にかかわる能力はそれぞれ習得が望ましい時期があります。幼児期には神経系の発達にかかわる「動作の習得」を、小学生・中学生の時期には持久力や精神力にかかわる「粘り強さ」を、骨格が完成する思春期以降には「力強さ」を習得するような運動に関する活動の経験が重要であると宮下は述べています。ですから、骨格が未完成の小学生の時期から同じ動きばかりを経験させることやトレーニング的なことを行うこと望ましくはありません。

　これまで述べてきたことから、幼児期に経験しておくべき運動発達に関する課題は三つあげられます。

　第一に、さまざまな「体位感覚」を経験することです。体位感覚とは、自分の体が現在どのような状態であるかを把握した上で、どのようにすれば通常の状態に戻ることができるかを考え実行できる能力です。例えば、頭部が腰の位置より下になるような逆立ちの状態から、通常の頭部─胴体─脚部といった体位に戻すことができるような「逆さ感覚」や、マット上で前転・後転の際に、また、鉄棒での逆上がりや前回りの際に自分の体の状態を正確に把握し、身体を回転させて通常の状態に体位を戻すことのできる「回転感覚」といった能力をさします。これらは、全身に対して頭部の重量が大きく重心が上部にあり、また、神経系の器官が発育する時期である幼児期には比較的容易に習得することのできる感覚なのです。これらの逆さ感覚や回転感覚などは、器械運動系の遊びや園庭・公園の遊具で遊ぶことで習得しやすい能力であると言えます。このほかに、危険でない程度の高所に立つ感覚や、その場所から飛び降り空中を体が移動する感覚や、衝撃を吸収しながら正確に着地するといった「高所感覚」などの経験を幼児期に遊びの中で経験し身につけることが、その後の運動能力・運動技能の発達に大きな影響を及ぼすことになります。

　第二として、「歩く・走る」量の確保があげられます。移動の手段を車に頼っている今日の社

会において、大人も子どもも運動量が格段に減少しています。子どもの体を作る運動量確保のためにも、日常の活動での歩く量の確保が大切となるでしょう。幼稚園や保育園では運動遊びに関する環境の整備や子どもの活動量が自発的に多くなるような興味ある活動の提供が鍵になると思われます。

　第三は、いろいろなリズムで動くような動作の経験です。人の通常の動作は、歩く・走るといった2拍子の動作が基本となりますが、例えばスキップやギャロップ、3拍子の動きなど、体全体でさまざまなリズムを体験し、また表現することも神経系の器官の発育と大きく関係しています。

　以上にあげたような動きを子どもたちが経験する際には、決してトレーニング的な活動であってはなりません。幼稚園や保育園、家庭における日常の遊びの中で幅広い動きを遊びの中で経験することで自然に多くの動きを習得していくことが望ましいのです。また、運動遊びの中で重要なことは、運動の楽しさを味わい、自発的に運動に取り組む意欲が持てるような環境の設定、教材の工夫、保育者の関わりが大きな鍵となります。子どもの活発な動きを引き出すには、保育者や周りの大人が子どもの活動を「認める」「褒める」などの声かけも大切です。さらに保育者や周りの大人が一緒に子どもの活動に参加することで子どもの活動量は一層増加するということも報告されています。このような幼児期の活動においてより体を動かすことの楽しさや爽快さを経験することが生涯にわたって運動する習慣を獲得することにつながるのです。

3　子どもの睡眠

（1）乳幼児期の生活リズムと睡眠時間

　人は日中は活動し、夜には眠るという生活を営んできました。しかし、この生活リズムが生まれた時から備わっているのではありません。出生後間もない新生児の睡眠のリズムは図7に示すように整ってはいません。何度も覚醒と睡眠を繰り返しています。生後1年半ごろより昼間は起きて活動し、午睡をすることで午後の活動のエネルギーを補給し、夜には眠るというリズムが確立していきます。

　子どもの睡眠時間は1日に10時間（午睡も含めるとは11～12時間）必要と言われています。そのためには、幼児期・小学校低学年頃は夜9時前後には入眠し朝7時前には起床するという睡眠のリズムを身につけることが大切です。けれども今日の日本の社会はどんどん夜型化が進んでいます。調査で日本人は世界中で最も睡眠時間の少ない国民ということが明らかとなっています。スイッチを入れるとテレビは24時間いつでも見ることができます。24時間営業のコンビニやスーパー、カラオケボックスなど、1日中娯楽活動を楽しめるのです。子どもの就寝時間になっても、両親や他の大人がテレビを見るなど楽しそうに活動している姿を見て、子どもは布団に入ろうという気持ちになれるはずがありません。大人社会の夜型化に引きずられて、子どもの生活リズム

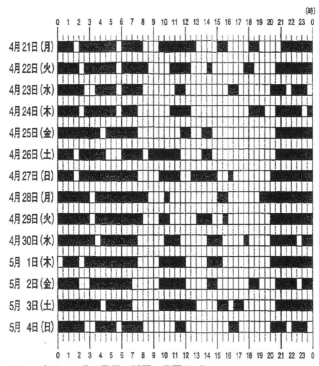

図7　生後3カ月の乳児の睡眠―覚醒リズム
（三池（2014）5）より）

もどんどん夜型化してきてしまっていることになります。

（2）低体温児の増加と睡眠リズムの重要性

　人の体温には起床前が最も低く、日中の活動後夕方に向けて最も高くなるという日内変動があります。起床後に朝食を食べるなどの活動を開始すると次第に体温が上昇し、登園後、幼稚園・保育園での午前中に行われる学級全体活動の頃には体を目いっぱい使って動く準備ができているのが本来の子どもの生活リズムです。けれども生活が夜型化し、睡眠リズムがずれている子どもは、午前中の活動時間にはまだ脳も体も覚醒していないため、35度台の体温では体の動く準備ができていないことになります。低体温の子どもはその後も、本来は夕食後には体温が下がり始め入眠の態勢になる頃に最も体温が高くなって眠れず、入眠が遅くなるという悪循環を繰り返すことになります。

　子どもの成長にとって、単に睡眠時間を十分に確保すればよいのではなく、就寝・起床の時刻も含めた望ましい睡眠リズムを習慣づけることが非常に重要になります。そのためには家族も生活リズムを見直し、子どもが寝付く環境を整えることが大切になってきます。

　低体温児が増加している一方、高体温の子どもも増えています。その原因は日中の活動不足で

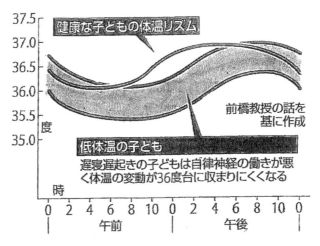

図8　低体温児は朝になっても体温の上昇が鈍い
（読売新聞朝刊2016年10月7日版6）より）

す。日中に屋外での活動量が少ないため、日中の活動時には体温が上昇し夜には疲れてぐっすり眠って体温が下がるという、本来の体温の日内変動の幅が少なくなってしまっているのです。このように子どもにとっての睡眠時間の確保、睡眠リズムが大切になります。

4　子どもが本来の姿を取り戻すために

　これまで述べてきたように、幼児期には屋外で体を十分に動かし運動量を確保すること、十分な睡眠と睡眠リズムを確立させるという、運動と睡眠の2点が非常に重要であると考えます。元気に思いっきり体を動かして遊んだ子どもは、体が疲れる→食欲がわく→早く寝る・ぐっすり眠ることになります。早く就寝し、ぐっすりと眠る質の良い睡眠をとった子どもは時間の余裕を持って起床し、朝食をしっかりとる・排便をする→元気に登園・登校するという望ましいリズムを獲得できることになります。

　子どもが元気に園庭や屋外を走り回って遊ぶという本来の姿を取り戻すことができるよう、保育者を目指すみなさんは、子どもが健康な生活を送るための的確な知識をもって子どもがしっかり活動できる環境を整え、興味の持てる教材を提供していただきたいと思います。

　なお、本章の「子どもの運動能力」の部分は拙稿「幼児期の発育発達からみた運動遊びの考え方」（京都光華女子大学短期大学部研究紀要第49号（2011）記載）に加筆したものです。

引用文献

1）ガラヒュー.D.L.著（1999）、杉原隆監訳『幼少年期の体育』大修館書店
2）民秋言他編著（2009）『保育内容「健康」』北大路書房

3）宮下充正（2010）『子どものときの運動が一生の身体をつくる』明和出版
4）宮下充正（2007）『子どもに「体力」をとりもどそう』杏林書院
5）三池輝久（2014）『子どもの夜ふかし　脳への脅威』集英社新書
6）読売新聞大阪本社版朝刊（2016年10月7日）『子ども「平熱35度台　増える低体温児」』

参考文献
・宮下充正（1980）『子どものからだ』東京大学出版会
・神山潤（2004）『眠りを奪われた子どもたち』岩波ブックレット
・中村和彦（2004）『子どものからだが危ない』日本標準
・小林寛道他（1990）『幼児の発達運動学』ミネルヴァ書房
・前橋明（2003）『子どもの健康を考える1〜12』（「保育プラン」連載）チャイルド社
・読売新聞大阪本社版朝刊（2005年4月26日〜4月30日連載）『健康へのデザイン「不眠大国の処方せん1〜5」』

＊お薦めの本
・宮下道正（2007）『子どもに「体力」をとりもどそう』杏林書院
　幼児期の運動能力の発達とこの時期にどんな動きを経験させるべきか、何が大事なのかについてわかりやすく
　書かれている1冊です。
・神山潤（2004）『眠りを奪われた子どもたち』岩波ブックレット
　ここ30年ほどで急速に日本の子どもの眠りが遅くなり、それによっておこる様々な体の異常に対して警告を発
　しています。子どもの眠りだけでなく、自分自身の眠りを見直してみてください。

（智原　江美）

コラム5　　　　　　　　　　進路に迷ったら……

　保育系学部に入学したみなさんは、幼稚園や保育所、こども園の先生、施設保育士などを目指している方が大半でしょう。しかしながら、入学してみたら何か違った、他に興味のあることができた、本当に保育者になっていいのか不安など、進路に迷う人もいるはずです。「保育系学部に来たのだから、保育者にならなくてはならない」という思いで苦しんでいませんか？　進路に迷った学生たちのストーリーを読んで、あなたの進路選択のヒントになればと思います。

ケース１：進路を間違えました

　「なんでここに来ちゃったんだろう…」、Ａさんはため息をつきました。本当はファッション関係の専門学校に行きたかったのに、「大学に行きなさい！」と親や高校の先生に反対されました。ピアノをずっと習っていて絵を描くのも好きなので、「ここで、いいか」と指定校推薦で受験できる保育系大学に入学し、２年生になりました。周りは「子どもが好き！　絶対保育者になるんだ！」という人ばかり。大学はそれなりに楽しく、友人関係が悪いわけでもない、保育の勉強も「将来、お母さんになった時に役立つかなぁ」とは思います。しかし、洋服を扱う仕事への思いは募ります。こんなこと保育の夢に向かっていきいきしている友達には話しにくい、こんな中途半端な思いで実習に行っていいのかなぁ、いっそ、大学をやめた方がよいのかなあ、そう思っていました。

　実習前の巡回担当の先生との面談で、「不安なことがあったら何でも話してね」と言われ、正直に自分の思いを話してみました。すると、先生は、「別にこの学部を卒業したってファッションの仕事をしていいんだよ。うちのゼミにも、全く違う職種で内定をもらった４年生がいるよ。もしよかったら話してみる？」と言いました。Ａさんは、早速、その先輩に話を聞きました。先輩は、「人が喜ぶ顔が見られる仕事がしたくて、子どもも好きだし、保育かなぁと思ってこの大学に来たんだ。でも、途中で『何か違う』と今のＡさんみたいに悩んでた。でも、何がしたいか具体的にわからなくて。なんとなく大学生活を過ごしてたら、大学祭のサークルの模擬店準備や友達の誕生日のサプライズパーティーの企画をするのが楽しくて。自分はイベントを企画する仕事がしたいんだって気づいたのね。それで、就職で有利になるようにイベント企画に関係するアルバイトを始めて。親は一般就職をすることに反対していたけれど、何回も話して理解してもらったよ。就職活動では、保育実習でいろんな子どもや先生たちと出会って他の学部の人よりもコミュニケーション能力を伸ばす体験をたくさん積んできました、保育案は小規模なイベント企画書を書くのと同じで、それを４年間でたくさんやってきた自信があります！　とアピールしたら、第１志望の会社から内定をもらえたよ」と楽しそうに語ってくれました。そして、最後に、「今からたとえ親が許してくれたとして、ファッション関係の専門学校に入りなおしても時間もお金もいっぱいかかるでしょう？　ここでやれること、考えてみたら？」と言われました。

　この時を境に、Ａさんは時給の良さだけを考えてやっていた居酒屋のアルバイトを辞めて、洋服屋のアルバイトを始めました。そして、接客をする中で、洋服の販売の仕事がしたいという思いがより強くなりました。どのように声をかけたらお客さんが警戒しないか、お客さんがどのような服を求めているのか知るためにはどう関わればいいかを真剣に考えるようになりました。そして、３年生の終わり頃、「接客の基本って、保育の子ども理解や接し方と似ているなぁ」と感じるようになりました。親とは最初は随分ともめましたが、免許・資格は絶対に取得することを条件に卒業後は好きな仕事をしていいことになりました。あれから３年、Ａさんは子ども服の会社で新入社員として働いています。

ケース2：保育の仕事に向いていない

　2年生の保育所実習を終えたBさんは、巡回担当のC先生との面談の最中、「私、保育の仕事に向いてないかも」と泣き出しました。実習中、大勢の子どもを1人で対応することは、私には無理だと思う場面がたくさんありました。部分実習で製作をしたときには全くうまくできず、途中で子どもの1人が教室から出て行ったことにも気づきませんでした。C先生からは、「まずは、一つひとつの場面をよく思い出して、具体的に何をしたらよかったのか考えてごらん。保育の仕事に向いているかどうかは、次の実習で考えたらいいよ。それでも無理だと思ったら、一般就職に切り替えても間に合うから」と言われました。Bさんは、まずは、部分実習の場面を思い出しながら、指導案に足りなかったことを書き足していきました。そうすると、子どもの予想される活動の記述が不足していること、「○○について説明する」と書いてはいるものの言葉かけまで細かく考えていなかったため、実際の場面で何を言うのか焦って周りを見る余裕がなくなったことなど、具体的な準備不足が見えてきました。それから、保育所や幼稚園のボランティアに積極的に参加し、集団保育に少しでも慣れようとしました。また、大学の授業も子どもと関わるヒントを得たい、もっと子どもを理解したいと、より真剣に受けるようになりました。

　3年生の幼稚園実習では、実習オリエンテーションで4歳児クラスに入ることが決定したので、季節に合わせた数種類の指導案をざっくりと立てておきました。実習が始まってからその案を担任の先生に見せ、クラスの子どもたちに合うものを一緒に選んでいただきました。さらに、実際に子どもたちと関わる中で、部分実習中に予想される言動をできるだけ細かく考えました。また、担任の先生の言動からどのように子どもたちにわかりやすく伝えているのかを学び、指導案の内容を相談しました。部分実習当日、Bさんはとても緊張しましたが、前日まで何度も練習をしてきたのだからと自分を落ち着かせました。やってみると、前回の実習と違い、子どもたちの反応を見ながら行動することができました。部分実習が終わった後、見ていた園長先生から「よく準備していたことが伝わってくる保育だったわ。子どもたちも楽しんでいたし、何より先生がずっと笑顔だったのがよかったわ！」と褒めていただきました。

　実習終了後、C先生の研究室にBさんが「先生、これ見て！」とやってきました。手元には、子どもたちが描いたBさんの似顔絵と担任の先生からの「B先生の笑顔から、子どもたちも私もとても元気をもらいました。素敵な保育者になってくださいね」というメッセージ入りの冊子がありました。「先生、私、絶対、保育の仕事に就きます！」そう言って、冊子を大事そうに抱えながらBさんは研究室を去って行きました。

ケース3：保育の仕事は好きだけど……

　Dさんは、保育の学習に前向きです。実習以外にも経験を積みたいと、保育所や障害児・者の施設、大学に設置されている親子ひろばなどのボランティアにも積極的に参加しています。いろいろ活動するうちに、地域のなかで子育て中の親を支えていくことや障害児をとりまく環境について何かしたい、保育所や幼稚園の先生でそれができるのだろうかと漠然と考えるようになりました。「保育は好きだけど何か違うような気がする。就職は本当に保育所や幼稚園でいいのかなぁ、決められない」、ゼミの先生との進路調査の面談でそう話しました。

　それからしばらくして、ゼミの授業で市の職員が虐待の早期発見や子育て支援をするために、地域の中を飛び回っている映像を観ました。Dさんは、ゼミ終了後、「先生！ 私、こういう仕事がしたい！」とすぐに申し出ました。先生からは、市の子育て支援に関わる職員になるためにはその市の「行政職」もしくは「福祉職」といった公務員試験を受けなくてはならないこと、それは倍率が高いこと、何よりも採用が決まったからといって必ずしも子ども関係の部署に配属にならないことなどを教えてもらいました。また、参考になるホームページや本を見せてもらいました。その後、自分なりにたくさん調べ、もしも子ども関係の部署に配属にならなかったら、どのような仕事をすることになるのかも理解しまし

た。そして、「結局、どの部署に行っても、そのまちを良くする、住民の生活を豊かにするという思いや取組みは共通なんだ。私は、この仕事がしたい」と強く思うようになりました。そこからは、大学で開講される公務員試験対策講座を受講し、必死に勉強しました。その結果、見事、自分の住んでいる市の行政職員として採用されました。

Dさんの一番はじめの配属先は、下水道課でした。市の下水道の整備状況の把握や管理など、大学時代に学んだ内容とは全く違う業務でしたが、先輩職員に丁寧に教えてもらい、徐々に仕事にも慣れてきました。市内の小学校から下水道について話をしてほしいという依頼が来たときは、Dさんが自作の紙芝居を持参して子どもたちに説明をしたところ大好評でした。職場の人たちからも「さすが、保育を学んできただけあるなぁ！」と言ってもらえました。普段は市役所の中での仕事が多いですが、イベントなどで市民の方たちと触れ合う機会もあり、学生時代に老若男女、障害のある・なしに関わらず、多くの人と関わってきた経験が活かされていると感じました。

そして、就職してから4年後、念願の子育て支援課に配属になりました。今は、市内の保育所への指導、子育て支援システムづくりなどに取り組んでいます。大学でたくさんの活動をして、いろいろな現場を見てきたからこそわかる、自分の市の課題をなんとかしたいと思います。すべての子どもたちが幸せになるまちづくりをしたいと、Dさんは燃えています。

三つのストーリーに出てくる学生たちに共通していたのは、悩んで立ち止まったままではなく、悩みながらも何かに取り組んでいたことです。保育とは違う道を選んだAさんやDさんですが、違うフィールドでも、「保育」で学んだことを活かしながら頑張っています。

もしもあなたが進路に迷ったら、3人のように大学の教職員に話してみてください。あなたと一緒に私たちも考えます。

（松本　しのぶ）

Ⅱ部

子どもの中へ

6章　保育者基礎力を目指して

　保育者を目指す人が、大学で学習をするために、あるいは、これから卒業論文に取り組む等、研究を遂行するために、身につけておくべき重要な基礎力（リテラシー）を紹介します。

　具体的には、聴く力、読む力、考える力、書く力について順に取り上げます。大学での学習や研究のために必要なこれらの基礎力が、保育現場での実践に役立つことを願います。

キーワード　聴く力、読む力、考える力、書く力

1　聴く力

（1）講義を聴く

1）挨拶をする

　まずはしっかりと挨拶をしましょう。顔を上げて、声を出して、できれば笑顔で。大学の講義でも、起立・礼「お願いします」のときに意識してみてほしいですね。

　気をつけてほしいのは「礼」や「おじぎ」。単に頭を下げればいいわけでなく、「アイコンタクト」が必要です。相手の目を見て挨拶して、頭を下げる。そして頭を上げて、再度相手の目を見ると、断然印象が良くなりますよ。くれぐれも挨拶しながら頭を下げたりはしないように。歩きながら（何かをしながら）挨拶するのもNGです。気を付けましょう。

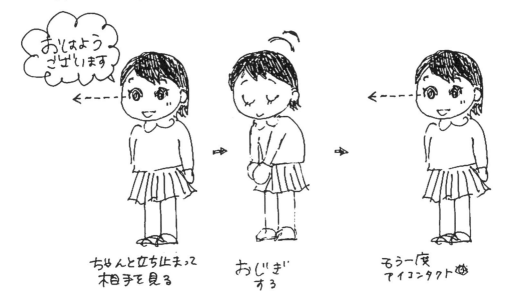

2）マナーを守る

　一対一で話すときにしないようなことが、大教室で一対多数の講義の時に見られることがあります。みんないるから大丈夫、一人くらいなら平気だろうと。いえいえ、教員はみんなに話しているのではなく、一人ひとりに話しかけているのですよ。その意味で、一対一×みんなと言えますね。

　具体的には、遅刻しない。飲食をしない。スマホを触らない。私語をしない。居眠りをしない。これらのマナーは守って当たり前です。他の人の迷惑になるから、注意されるから、してはならないというよりもむしろ、こういった行為は自分に恥ずかしいからしないのだと自覚してほしいと思います。私語をすることで、自分は私語をする人間だと、マナーを守らない人間だとアピールしているようなものです。ね、恥ずかしいでしょ。

3）傾聴する

　話し手に注意を向けて話をよく聴くポイントは、うなずく・相づちを打つことです。話し手だって聴き手の反応が気になります。聴き手がうなずいてくれれば、話し手は嬉しいものですし、自分の話をよく聴いてくれているな、このまま話を進めても大丈夫だなと考えます。話し手が話しやすいように配慮するためにも、是非反応を示してください。うなずきや相づちは傾聴のシグナルと言えますね。

4）理解する

　話をよく聴くことができたら今度は、よく理解することです。よく理解できたかどうかの目安は、「その話を聴いていない人に、後で自分の言葉で説明ができるか」です。話を聴いたときにはわかったような気がしますが、いざ自分の言葉で同じ内容を説明しようとすると、言葉が出てこなかったり、曖昧な表現になったり、自分の理解が不十分であったことに気がつきます。わかったつもりにならないためにも、要はこんなこと……のように、自分の言葉で言い換えたり要約したりしてみましょう。

（2）ノートを取る・メモする

　このような傾聴や理解するために欠かせないのが、ノートを取る・メモすることです。自分に必要なことを書きとめ、後から見返して役立てるために記録に残すことです。

　普段のノートの取り方を自己診断チェックしてみましょう。いつも自分がどのようにノートを取っているのかを思い出して答えてみてください。

1．先生が黒板に書いたことをなるべく正確に写そうと努力している	Yes・No
2．先生が、赤や黄色の色チョークを使ったら、自分も色ペンを使う	Yes・No

3．ノートがもったいないので、余白は残さず詰めて書くことにしている	Yes・No
4．先生が授業中に話すことは、できるだけたくさん書きとめる	Yes・No
5．家に帰ってから、ノートはきれいに清書している	Yes・No

　Yesと答えた質問はいくつあったでしょうか？　実はすべての質問において、一見Yesと答えるのが望ましそうに感じますが、注意が必要です！　「Yesと答えたら絶対にダメ」というわけではありませんが、本当に効果的かどうか、よく考える必要があります。

　1．ノートを取る目的は何でしょうか？　「授業の正確な記録作り」ではないですよね。自分にとって「役に立つノート」こそ、いいノートなのです。正確に写すことにこだわりすぎて、頭を働かせていなかったら本末転倒ですね。

　2．黒板に書かれた状態を正確にノートに再現する必要はありません。先生がどういう意図で色チョークを使ったのかを理解して、例えば重要なポイントが分かるように下線を引くとか、線で囲む、ということでも対応できる場合がありますね。

　3．復習をしているときに、気がついたことや、重要なポイントをまとめて新たに書き込めるスペースがノートにないと困ります。ノートはぜいたくに使ってこそ、生きてきます。

　4．「ノートを後から読み返す」ことを考えたら、不必要なことまで大量に書いてあったら、かえって邪魔です。授業中には、書くことに追われずに、何がポイントなのか、要点を把握することが先決です。重要なポイントが的確にまとめられているノートこそ、役立つノートです。書くより聴くことに集中してこそ、内容の理解が可能です。

　5．清書することがダメと言っているわけではありません。ただ、単にきれいに書き直すだけなら、その分の時間と労力を別のことに使った方が効果的です。例えば、授業内容を要約してメモするとか、「見出し」をつけて、後から活用しやすくするとか、ですね。

2　読む力

（1）言葉の定義に敏感になる

　授業の課題や参考図書、卒論の資料と、さまざまな文章を読む機会があります。文章を読むときには、大きな意味の言葉に注意しましょう。例えば「子どもに寄り添う保育をめざすべき」という表現があったとしましょう。おっしゃる通り、ごもっともです。でも、この「子どもに寄り添う保育」とは一体何なのでしょうか。わかったつもりですっと読んでしまわずに、ちょっと待って。例えば、このような大きな意味の抽象的な言葉から、できるだけ具体的な身近な事例を思い浮かべます。そのためには、次のようなことを意識して考えながら読むといいですよ。

・○○とはどういう意味だろうか？

・○○の具体的な例はなんだろうか？

・○○は別の例に置き換えるとなんだろうか？

・○○は何に言い換えることができるだろうか？
・○○に関連することはなんだろうか？

（2）線を引きながら読む

　三色ボールペン読書法を紹介します（詳しくは、齋藤（2002））。「赤」は客観的に見てすごく重要な箇所に限定して引きます。「青」はまあ重要な箇所で、それを集めたら要約になりそうな程度に引きます。「緑」は自分が勝手に面白いと感じた箇所に引きます。「赤」と「青」は客観で、「緑」は主観ですね。もちろん自分が考えたことや感じたことをどんどん書き込みます。

　利点は文章の構成や論の展開を考えながら読むことができることです。客観と主観を区別することは、事実と意見を区別することに相当します。

　事実の場合、著者が見たり、聞いたりした直接的なものと、他（含引用）からの間接的なもののいずれかをも区別するといいでしょう。意見の場合、著者が立脚する立場は何か、賛成、反対、中立のいずれかを注意するといいでしょう。

　意見のように見えて単なる感想の場合もあります。感想と意見は異なります。感想は、主観的な評価や態度を表したものです。特に理由は示されません。一方、意見には必ず根拠や理由があります。逆に、根拠がなければ、意見ではありません。根拠がなければ、単なる感想と捉えられても仕方がありません。

　意見とは、特定の根拠に基づく考えのことです。次のようなことを意識して読むといいでしょう。
・意見はどの事実に基づくのか？
・意見はあいまいでないか？
・妥当な推論から導き出された意見か？
・根拠のある正当な意見か？
・意見はどのような点で重要か？
・理由・根拠は十分か？
・自分の意見を支持する根拠だけでなく、否定する根拠がないか？

　根拠とは、特定の意見を支える具体的な事実のことです。次のようなことを意識して読むといいでしょう。
・根拠となる事実は正しいか？
・事実はどのようにして収集されたのか？
・事実は新しいか？

（3）多読のすすめ

　とにかくたくさんの本を読むことです。慣れることです。できれば将来の自分への投資と思って買ってください。だって買えば読むでしょ。折角買ったもの、読まないともったいない。借りたら机に積読（つんどく）だけになってしまいます。たくさん本を読めば読むほど、本の内容の良し悪しが直観的にわかるようになります（そんな気がします）。

　多読の際には、本の目次・序文・末文を先に読むと効率的です。目次を読むと、その本の概要を知ることができます。これから読む本の内容がどんなものか、自分が知っていることと関連するかといった方向付けや心構えができます。教育心理学では、このような学習内容に関連する包括的・一般的な内容をあらかじめ提示することがその内容の理解促進に役立つことが知られています（先行オーガナイザーと呼ばれます）。

　また、序文（はじめに）や末文（結論、おわりに）には、著者がどのような発想や考えをもってその文章を書いたのか、言うなれば著者の意図や願いを知ることができるので、おすすめです。

3　考える力

（1）問いを立てる

　大学は、高校まで以上に、自分できちんと考えることに価値を置いています。「考えろ」と実際に言葉で表されていなくても、講義を聴いているときや本を読んでいるとき等、多くの場面で「考える」ことが求められているのですよ。自分できちんと考えるための第一歩は、問いを立てることです。問いの立て方の具体的な例は以下の通りです。自分なりの問いを立てる参考にしてくださいね。

・○○とは何か？

・○○は本当か？

・○○はどうなっているか？

・だれが○○か？

・いつから○○か？

・どのような点で○○か？

・なぜ○○か？

　次のテーマから、どんな問いができるか？　できるだけたくさん問いを考えよう。
・子どもと遊び
・早期教育

（2）考える

　吉田（1998）では、統計に関する知識と日常の思考との関わりについて詳しく述べられていま

す。こうした統計的なものの見方は、自分でよく考えるときに大いに役立ちます。吉田（1998）に基づき、大事なポイントを紹介します。

1）情報の信憑性を気にしよう

　日常得ている情報は必ずしも信憑性が高いものばかりではありません。さまざまな歪みを伴います。それなのに、情報が歪められている可能性をあまり考慮せずに、それを無批判に信じてはいないでしょうか。例えばテレビでも、あいまいなことを断定的に報道することもありますし、編集作業を経ている以上、特定の誰かの意図や解釈が反映されていることに注意する必要があります。情報伝達の過程で、情報が誇張されたり、単純で平易なものになったりします。また、情報が適切な方法で収集されたか、適切な方法で分析されているかにも注意を払う必要があります。

　例えば、医学博士という肩書きがある人や権威のある偉い人が書いた文章だからといって、必ずしもその文章が正しいとは限りません。

2）他人の考えを鵜呑みにしない

　学生が陥りやすい、よくある間違いの一つは、他人の考えを鵜呑みにしてしまうことです。極端になると、他人の考えを一般的に認められている事実として受け止めてしまったり、他人の考えが自分の考えにすりかわったりします。もう一つの間違いは、すぐに「なるほど」と思うことです。なるほど、わかった、と思うと、もうそれ以上考えなくなりがちです。思考がストップしてしまいます。「なぜ」「どうして」と考えれば、思考が進むはずなのに。自分の頭で「きちんと考える」ことが大事ですね。「コラム　クリティカルな思考」（15ページ）を参照してください。

3）少数の偏った事例から過度な一般化をしない

　直観的な判断に頼り、「たまたまそうなっただけ」かもしれない出来事を「一般的にもそうだ」とみなしてしまいがちです。

　例えば、「伊藤さんが来ると雨が降る。伊藤さんはきっと雨女にちがいない」と推論するのは、伊藤さんが来る時に雨が降ることが数回あったからいつもそうだと決めつけています。伊藤さんが来ても雨が降らなかったことや、伊藤さんが来ないときに雨が降ったことがあるはずなのに、それは記憶に残らないのですね。「みんなそう言っている」のみんなは、大体2、3人くらいにすぎません。「挨拶もしないなんて愛想の悪いやつだ」。たまたま挨拶をしなかっただけで、いつも挨拶をしない＝愛想の悪いやつと結論付けています。「女は車の運転が下手」。確かに車の運転が下手な女性はいますが、車の運転が上手な女性はいますし、車の運転が下手な男性だっています。

4）二つの事柄の関係の有無について、非合理的な判断をしていないか

　二つの変数の間になんらかの関係があるのは、一方の変数の値によって他方の変数の値が異なっている状態を言います。しかし、二つの変数の間に関係があるかどうかについて判断するための十分な情報が得られていないにも関わらず、そのことについて速断しがちです。

　例えば「交通事故の死亡者の8割がシートベルトをしていなかった」→「シートベルトを装着しないことは死亡事故につながる」と思い込んでしまいます。確かに、シートベルトはすべきですが、もしかしたら、「交通事故の生存者の9割がシートベルトをしていなかった」ことだってあり得るかもしれませんよ。「晴れの日の交通事故件数は、霧の日のそれよりも多い」→「晴れの日は霧の日より危険」は本当でしょうか。一年のうちで霧の日よりも晴れの日の方が断然多いので、晴れの日の交通事故件数は多くなるのもうなずけます。比べている数が違いますね。

5）傾向の過度な一般化をしていないか

　平均値の差や相関係数などによって示される全体的傾向は、あくまで確率的現象について記述したものですから、個々の事例において常にあてはまるわけではありません。しかし、全般的に見て何らかの傾向があることが示されると、その全般的な傾向がどの事例にもあてはまる（または、ほとんどの事例にあてはまる）と考えてしまいがちです。

　例えば、あるクラスで男の子は女の子よりも算数のテストの平均点が高いと、やっぱり男は理系で女は文系と決めつけてしまいそうですが、算数が得意な女の子は珍しくありませんね。

6）一面的な因果解釈をしていないか

　ある現象がなぜ生起したのかについて、さまざまな理由や解釈が考えられるのに、もっともらしい理由をひとつ考えると、他の理由を考えようとしなくなりがちです。

　例えば、「高い料理はうまい」のは、価格が高いからおいしいと思えるのかもしれないし、おいしい料理だから価格を高くしたのかもしれません（「高い」と「うまい」に双方向の矢印）。あるいは、特別な材料を使ったから価格が高くなりおいしくなったのかもしれません（第三の「特別な材料」から「高い」と「うまい」へ矢印）。「お茶を飲んだら痩せた」のは、お茶に痩せる効用があったのかもしれないし、単に水分を取ったから痩せたのかもしれません。「蛙が鳴くから雨が降る」のは、蛙が鳴かなくても雨が降るかもしれません。

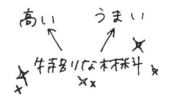

（3）考えを深める／なぜの連鎖

「なぜ？」という問いは複雑です。いくつかの原因が組み合わさってその結果が生じます。苅谷（2002）が指摘しているように、「なぜ？」と問う場合には、その原因と結果のつながりを予想して自分なりの答え（仮説）を展開し、更に新しい問いの発見につなげていけます。当たり前の答えで満足しないでください。「なぜ？」の連鎖を作って思考を深めていくのです。一つ目の問いの答えを書いたら、その答えに対して二つ目の問いを書きます。そして二つ目の問いの答えを書き、三つ目の問いを立ててみる……これを繰り返すのです。どんどん思考が深くなり、当初思いつかなかった視点が見えてくることもあります。

　問１：なぜ大学へ行くのか？
　答１：資格を取るため
　　　問２：なぜ資格を取りたいのか？
　　　答２：就職に有利だから
　　　　　問３：なぜ就職に有利なのか？　……繰り返し……

4　書く力

　今度は、よく考えたことを書く際に、どのような工夫をしたらいいのかについて、伊藤（2006）に基づき、アドバイスをしようと思います。わかりやすく考えを表現するには、以下に示す自分の考えを表現するための３ステップに従って、一つ一つの階段をあがるように、順番にいきましょう。

（1）事実を示す：引用・要約

とにかく客観的に書きます。複数あるなら段落を分けます。例えば、「資料を読んであなたの

考えを論じよ」という試験やレポートの場合、その資料に書かれていることが事実に該当します。ですから資料の引用あるいは要約を書きます。あるいは「○○について論じよ」という場合、○○について調べたこと、知っていることが事実に該当します。ですから、調べた資料などの引用あるいは要約を書きます。

・著者は「……引用……」と述べている／著者は言う「……引用……」
・資料によれば……要約……／資料をまとめると……要約……

　要約の場合は原則として、資料の順を追って要約します。要約における注意点は以下の通りです。

・ある部分を丸ごと固まりで抜き書きしただけではダメ
・重要なポイントを見つけたものの、それを単に並べただけではダメ
・単に抜き出したことばを並べただけでなく、自分のことばでまとめ直すこと

（2）意見を述べる

　事実を示したら、問題を提起し自分の考えを述べます。自分が関心を持った主張、重要と思う意見を示す場合もあります。著者の意見と自分の意見との相違点が明確になるように注意します。

・○○であるべきだ／○○すべきだ
・○○であってはならない／○○すべきではない
・○○に賛成だ／○○に反対だ
・○○に疑問がある
・○○に興味を持った
・○○よりも△△の方がもっと重要だ

　先に示した事実に基づいて、あなたの意見を「はっきり」と書くことが求められます。感想ではないので、「○○のように感じる」という形式は不適切です。

　断定を避けて、次のような表現をよく目にしますが、はっきり言って望ましくありません。自信がないと思われてしまいます。きっぱりと言い切ることが大事です。疑問を投げかけるだけでは意見にはならないのです。

・○○なのだろうか／○○ではないだろうか
・○○と言えるだろうか／○○と言えるのではないだろうか
・○○と思われるのだがどうだろうか
・○○についてはいかがであろうか

またよくある間違いですが、「はっきりとはいえない」「どちらともいえない」「わからない」「答えられない」「特に意見はない」と書く人がたまにいます。たとえそう考えていても、そのまま書いてはいけません。それでは「熟考したが結論が出なかった」のか、「初めから考えることを放棄している」のか、区別がつかないからです。どうしても「全体としての結論は」「賛成とも反対ともいえない」という場合でも、「○○については賛成、△△については反対」など、できるだけ部分的にでもよいので自分の意見を明示しましょう。

（3）論証する

論証するとは、意見が論理的であることを証明することです。自分の意見を繰り返してばかりいても説得力なんてありません。特定の立場に賛成する場合、なぜ賛成するのかが他の人に「なるほど」とわかってもらえるように、根拠や理由、裏付けを示す必要があります。

1）根拠や理由を示す

意見の正しさを示す根拠や理由を客観的にあげます。根拠とは、特定の意見を支える具体的な事実です。理由とは、特定の意見に至る筋道を示すことです。一つよりも複数、同じようなものよりも異なるものの方が説得力は増します。

・なぜなら……だから
・なぜかというと……だから
・というのは……だから

例：意見「夫婦別姓を許可すべきである」

　　根拠・理由「なぜなら働く女性が結婚後に姓を変えると、不利益になるから」

2）資料で裏付ける

裏付けとは根拠や理由が正しいと明らかにすることです。それが意見の正しさを示すことになるのですね。できるだけ具体的な数値や事例を資料として引用したいものです。

自分の意見にあう資料だけではダメです。都合のいい資料だけを選んできた、と誤解されてしまうかもしれませんから。逆に自分の意見と反対の立場の資料も集めて、総合的に検討する必要があります。

例：意見「夫婦別姓を許可すべきである」

　　根拠・理由「なぜなら働く女性が結婚後に姓を変えると、不利益になるから」

　　裏付け「営業職入社2年目の伊藤さん（女性）は、取引先にやっと名前を憶えてもらったのに、結婚して姓が変わってしまったので、新しい名前で人脈を新たに作り直さなければならないと不満を述べている」

3）反論する

　さらに、自分の意見とは異なる意見を取り上げたうえで、それに対して反論を加えると説得力が増します。自分の意見と対立する意見やあらかじめ想定される反対の意見に対して、それが正しくないこと、不十分なこと、自分の意見の方が優れていること、有効であることの理由を示します。

例：意見「夫婦別姓を許可すべきである」

　　　根拠・理由「なぜなら働く女性が結婚後に姓を変えると、不利益になるから」

　　　裏付け「営業職入社2年目の伊藤さん（女性）は、取引先にやっと名前を憶えてもらったのに、結婚して姓が変わってしまったので、新しい名前で人脈を新たに作り直さなければならないと不満を述べている」

　　　反論「仕事上で不都合があるなら通称として旧姓を用いればよいから夫婦別姓は必要ないという主張もあるが、すべての職種・職場で通称の使用が認められているわけではない」

> 　今朝の新聞の投書（あるいは社説など）を読んで、あなたの意見を書きなさい。
> 　チェックポイント
> ・どちらの立場なのか、自分の意見を、明確に述べている
> ・なぜ自分がそう考えるのか、根拠や理由を示している
> ・自分自身で適切な資料を探し、裏付けを示している
> ・自分の意見に対する対立意見や反対意見を想定して反論をしている

引用文献
・伊藤美加（2006）「きちんと考える方法：自分の意見を言うために」　藤田哲也（編）『大学基礎講座―充実した大学生活をおくるために―改増版』北大路書房pp.97-114.
・苅谷剛彦（2002）『知的複眼思考法―誰でも持っている創造力のスイッチ』講談社
・齋藤　孝（2002）『三色ボールペンで読む日本語』角川文庫
・吉田寿夫（1998）『本当にわかりやすいすごく大切なことが書いてあるごく初歩の統計の本』北大路書房

参考文献
・ダレル・ハフ（1968）『統計でウソをつく法：数式を使わない統計学入門』講談社
・長沼行太郎・青嶋康文・入部明子・向後千春・幸田国広・佐野正俊・傍嶋恵子・豊澤弘伸（2003）『日本語表現のレッスン』　教育出版株式会社
・日本語文章能力検定協会（2002）『日本語文章能力検定 準2級 徹底解明』オーク

＊お薦めの本
・藤田哲也（編）（2006）『大学基礎講座―充実した大学生活をおくるために―改増版』　北大路書房
　大学入学時からゼミ発表・卒論まで、大学で学ぶ人に役立つ情報を系統的にまとめた本です。実践的な練習問題も取り入れながら解説されているので、役に立つと思いますよ。

（伊藤　美加）

コラム6 保育指導案の「ねらい」について考える

　保育指導案にはどんな意味があるの？何をどんなふうに書いたらいいの？保育者をめざすみなさんにとって悩みの種になるのが、保育指導案の作成ではないでしょうか？なかでも、保育指導案の「ねらい」をどのように書いたらよいのかという質問を学生のみなさんからたくさんうけました。

　ちなみに私が専門とする心理療法の世界では、子どもに会う前に保育指導案のような計画は立てません（たぶん、おそらく……）。子どもに会ってから、子どもと2人で考えるというのが、基本的な姿勢になります。そのため、保育指導案を書くことについては、私もみなさんと同じ初心者です。

　そこで、このコラムではあくまで初心者の視点から、保育指導案のねらいの書き方について考えてみたいと思います。保育者を目指すみなさんにとって、一つの手がかりになれば幸いです。

◎ねらいの書き方

　保育指導案のねらいはどのように書いたらよいのでしょう？みなさんの最終的な目標は、幼稚園教育要領や保育所保育指針のねらいの部分を参考にしながら、毎回の活動のねらいを考えられるようになることだと思います。ただ、それができるようになるには、幼稚園教育要領や保育所保育指針を理解するとともに、現場での体験を重ねることが必要です。

　ではどうしたら、保育の初心者でも自分なりに「ねらい」を書けるようになるでしょうか。そこでまず、インターネットの検索サイトで「保育指導案」について調べてみました。最近はありがたいことに、幼稚園や保育園の先生方が保育指導案を公開しておられます。先生方の保育指導案をとにかくたくさん見るうち、ねらいの部分にある一つの動詞が何度も登場することに気がつきました。それはずばり、「楽しむ」という動詞です。

　それでは以下に、「楽しむ」という動詞を手がかりにねらいを書く方法を紹介します。

書き方のコツ　その①　ねらいを書く時のキーワードは子どもが「楽しむ」こと

　　　　多くの指導案のねらいに使われる動詞　　　　「〜を楽しむ」
　　　　　　　　　　　　　　　　　　　　　　　　「〜する楽しさを味わう」

　※ただし、例外もあります

> 　子どもにとって「初めての・新しいこと」「慣れないこと」を行う場合は、ねらいの中に「〜に気づく」「〜を知る」、「〜に興味・関心を持つ」、「〜に親しみを持つ」といった動詞が使われることが多い。

書き方のコツ　その②　「楽しむ」といっしょによく使われる動詞を覚える。

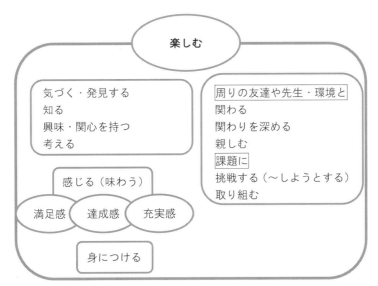

図1　「楽しむ」ことを通して、子どもの心の中に生まれるさまざまな動き

それでは、実際にねらいを書いてみましょう。

> ステップ1　「～を楽しむ」というねらいが書けるようになろう。

　　ねらいの主語は　　子ども
　　　　・～を楽しむ
　　　　・～することを楽しむ
　　　　・～する楽しみを味わう

> ステップ2　「楽しむ」ことに、「その遊び・取組みを通して
> 　　　　　　　子どもたちに体験してほしいこと」をつけくわえてみよう。

書き方のコツ　その③　「楽しむ」という文章に、いろいろな「動詞」をつけくわえていく。
　　　　～を楽しみながら、～する
　　　　～する楽しみを味わいながら、～する
　　　　～したり、～したりしながら、～する楽しみを味わう
　　　　　　　　　　～することを楽しむ

書き方のコツ　その④　2つのねらい（文章）に分ける
　　　　○（1つめのねらいは楽しむこと）　　～することを楽しむ
　　　　○（その活動を通してさらに体験してほしいこと）《例》～に気づく　～を知る

> ステップ3　　一緒に楽しむ人をつけくわえてみよう。

　　　子ども一人一人が
　　　保育者といっしょに
　　　保育者や気の合う友達と一緒に

　　　気の合う友達と一緒に
　　　クラスの友達と一緒に　　＋　　（その様子）
　　　　　　　　　　　　　　　＋《例》意見を出し合いながら、協力しながら、

※子どもの発達段階によって、一緒にその活動を楽しむ相手に違いがでてきます。
　（0～2歳児クラスなら）
　　　子ども一人一人が、～する楽しさを味わう。
　　　保育者と一緒に、～の遊びを楽しむ。

　（3、4歳児クラスなら）
　　　保育者や気の合う友達と一緒に、～する楽しみを味わい、～に気づく。
　　　　　　　　　　　　友達と一緒に

　（5歳児クラスなら）
　　　クラスの友達と意見を出し合いながら、～することを楽しみ、
　　　友達と一緒に作り上げていく喜びや達成感を味わう。

　以上、「楽しむ」をキーワードにねらいを書いてみるという方法を紹介しました。あとは繰り返し書くことが大切です。がんばってください！

　　　　　　　　　　　　　　　　　　　　　　　　　　　　　　　　（山﨑　玲奈）

7章　言葉の教育

　子どもたちにとって、言葉は人と会話をするために必要なものであるが、言葉の役割はそれだけではありません。言葉によりものごとを認識し、人格形成の観点からも重要な役割を果たしています。言葉を豊かにするということは、人と伝え合う喜びを感じたり、文字から想像の世界を広げたり、まさに生きることを豊かにするものです。

　本章では、幼稚園教育要領、保育所保育指針、幼保連携型認定こども園教育・保育要領に示される「幼児期の終わりまでに育ってほしい姿」「言葉の領域」に焦点をあてて、私たちは何をすべきかについて具体的に考えていきます。

1　「幼児期の終わりまでに育ってほしい姿」

　文部科学省告示の幼稚園教育要領、厚生労働省告示の保育所保育指針、内閣府・文部科学省・厚生労働省共同告示の幼保連携型認定こども園教育・保育要領は、2017（平成29）年3月に告示され、2018（平成30）年4月から施行されています。

　ここに挙げている3つの法令には、「幼児期の終わりまでに育ってほしい10の姿」が示されている。3つの法令の相違点をまとめると以下の表のようになります。

表1　「幼児期の終わりまでに育ってほしい姿」（3法令の比較表及び太字は谷本による）

幼稚園教育要領 ＜幼児期のおりまでに育ってほしい姿＞	保育所保育指針 ＜幼児期のおわりまでに育ってほしい姿＞	幼保連携型認定こども園 教育・保育要領 ＜幼児期のおわりまでに育ってほしい姿＞
（1）健康な心と体 幼稚園生活の中で、充実感をもって自分のやりたいことに向かって心と体を十分に働かせ、見通しをもって行動し、自ら健康で安全な生活をつくり出すようになる。	**ア　健康な心と体** 保育所の生活の中で、充実感をもって自分のやりたいことに向かって心と体を十分に働かせ、見通しをもって行動し、自ら健康で安全な生活をつくり出すようになる。	**ア　健康な心と体** 幼保連携型認定こども園における生活の中で、充実感をもって自分のやりたいことに向かって心と体を十分に働かせ、見通しをもって行動し、自ら健康で安全な生活をつくり出すようになる。
（2）自立心 身近な環境に主体的に関わり様々な活動を楽しむ中で、しなければならないことを自覚し、自分の力で行うために考えたり、工夫したりしながら、諦めずにやり遂げることで達成感を味わい、自信をもって行動するようになる。	**イ　自立心** 身近な環境に主体的に関わり様々な活動を楽しむ中で、しなければならないことを自覚し、自分の力で行うために考えたり、工夫したりしながら、諦めずにやり遂げることで達成感を味わい、自信をもって行動するようになる。	**イ　自立心** 身近な環境に主体的に関わり様々な活動を楽しむ中で、しなければならないことを自覚し、自分の力で行うために考えたり、工夫したりしながら、諦めずにやり遂げることで達成感を味わい、自信をもって行動するようになる。

（3）協同性 友達と関わる中で、互いの思いや考えなどを共有し、共通の目的の実現に向けて、考えたり、工夫したり、協力したりし、充実感をもってやり遂げるようになる。	ウ　協同性 友達と関わる中で、互いの思いや考えなどを共有し、共通の目的の実現に向けて、考えたり、工夫したり、協力したりし、充実感をもってやり遂げるようになる。	ウ　協同性 友達と関わる中で、互いの思いや考えなどを共有し、共通の目的の実現に向けて、考えたり、工夫したり、協力したりし、充実感をもってやり遂げるようになる。
（4）道徳性・規範意識の芽生え 友達と様々な体験を重ねる中で、してよいことや悪いことが分かり、自分の行動を振り返ったり、友達の気持ちに共感したりし、相手の立場に立って行動するようになる。また、きまりを守る必要性が分かり、自分の気持ちを調整し、友達と折り合いを付けながら、きまりをつくったり、守ったりするようになる。	エ　道徳性・規範意識の芽生え 友達と様々な体験を重ねる中で、してよいことや悪いことが分かり、自分の行動を振り返ったり、友達の気持ちに共感したりし、相手の立場に立って行動するようになる。また、きまりを守る必要性が分かり、自分の気持ちを調整し、友達と折り合いを付けながら、きまりをつくったり、守ったりするようになる。	エ　道徳性・規範意識の芽生え 友達と様々な体験を重ねる中で、してよいことや悪いことが分かり、自分の行動を振り返ったり、友達の気持ちに共感したりし、相手の立場に立って行動するようになる。また、きまりを守る必要性が分かり、自分の気持ちを調整し、友達と折り合いを付けながら、きまりをつくったり、守ったりするようになる。
（5）社会生活との関わり 家族を大切にしようとする気持ちをもつとともに、地域の身近な人と触れ合う中で、人との様々な関わり方に気付き、相手の気持ちを考えて関わり、自分が役に立つ喜びを感じ、地域に親しみをもつようになる。また、幼稚園内外の様々な環境に関わる中で、遊びや生活に必要な情報を取り入れ、情報に基づき判断したり、情報を伝え合ったり、活用したりするなど、情報を役立てながら活動するようになるとともに、公共の施設を大切に利用するなどして、社会とのつながりなどを意識するようになる。	オ　社会生活との関わり 家族を大切にしようとする気持ちをもつとともに、地域の身近な人と触れ合う中で、人との様々な関わり方に気付き、相手の気持ちを考えて関わり、自分が役に立つ喜びを感じ、地域に親しみをもつようになる。また、保育所内外の様々な環境に関わる中で、遊びや生活に必要な情報を取り入れ、情報に基づき判断したり、情報を伝え合ったり、活用したりするなど、情報を役立てながら活動するようになるとともに、公共の施設を大切に利用するなどして、社会とのつながりなどを意識するようになる。	オ　社会生活との関わり 家族を大切にしようとする気持ちをもつとともに、地域の身近な人と触れ合う中で、人との様々な関わり方に気付き、相手の気持ちを考えて関わり、自分が役に立つ喜びを感じ、地域に親しみをもつようになる。また、幼保連携型認定こども園内外の様々な環境に関わる中で、遊びや生活に必要な情報を取り入れ、情報に基づき判断したり、情報を伝え合ったり、活用したりするなど、情報を役立てながら活動するようになるとともに、公共の施設を大切に利用するなどして、社会とのつながりなどを意識するようになる。
（6）思考力の芽生え 身近な事象に積極的に関わる中で、物の性質や仕組みなどを感じ取ったり、気付いたりし、考えたり、予想したり、工夫したりするなど、多様な関わりを楽しむようになる。また、友達の様々な考えに触れる中で、自分と異なる考えがあることに気付き、自ら判断したり、考え直したりするなど、新しい考えを生み出す喜びを味わいながら、自分の考えをよりよいものにするようになる。	カ　思考力の芽生え 身近な事象に積極的に関わる中で、物の性質や仕組みなどを感じ取ったり、気付いたりし、考えたり、予想したり、工夫したりするなど、多様な関わりを楽しむようになる。また、友達の様々な考えに触れる中で、自分と異なる考えがあることに気付き、自ら判断したり、考え直したりするなど、新しい考えを生み出す喜びを味わいながら、自分の考えをよりよいものにするようになる。	カ　思考力の芽生え 身近な事象に積極的に関わる中で、物の性質や仕組みなどを感じ取ったり、気付いたりし、考えたり、予想したり、工夫したりするなど、多様な関わりを楽しむようになる。また、友達の様々な考えに触れる中で、自分と異なる考えがあることに気付き、自ら判断したり、考え直したりするなど、新しい考えを生み出す喜びを味わいながら、自分の考えをよりよいものにするようになる。

（7）自然との関わり・生命尊重 自然に触れて感動する体験を通して、自然の変化などを感じ取り、好奇心や探究心をもって考え言葉などで表現しながら、身近な事象への関心が高まるとともに、自然への愛情や畏敬の念をもつようになる。また、身近な動植物に心を動かされる中で、生命の不思議さや尊さに気付き、身近な動植物への接し方を考え、命あるものとしていたわり、大切にする気持ちをもって関わるようになる。	キ　自然との関わり・生命尊重 自然に触れて感動する体験を通して、自然の変化などを感じ取り、好奇心や探究心をもって考え言葉などで表現しながら、身近な事象への関心が高まるとともに、自然への愛情や畏敬の念をもつようになる。また、身近な動植物に心を動かされる中で、生命の不思議さや尊さに気付き、身近な動植物への接し方を考え、命あるものとしていたわり、大切にする気持ちをもって関わるようになる。	キ　自然との関わり・生命尊重 自然に触れて感動する体験を通して、自然の変化などを感じ取り、好奇心や探究心をもって考え言葉などで表現しながら、身近な事象への関心が高まるとともに、自然への愛情や畏敬の念をもつようになる。また、身近な動植物に心を動かされる中で、生命の不思議さや尊さに気付き、身近な動植物への接し方を考え、命あるものとしていたわり、大切にする気持ちをもって関わるようになる。
（8）数量や図形、標識や文字などへの関心・感覚 遊びや生活の中で、数量や図形、標識や文字などに親しむ体験を重ねたり、標識や文字の役割に気付いたりし、自らの必要感に基づきこれらを活用し、興味や関心、感覚をもつようになる。	ク　数量や図形、標識や文字などへの関心・感覚 遊びや生活の中で、数量や図形、標識や文字などに親しむ体験を重ねたり、標識や文字の役割に気付いたりし、自らの必要感に基づきこれらを活用し、興味や関心、感覚をもつようになる。	ク　数量や図形、標識や文字などへの関心・感覚 遊びや生活の中で、数量や図形、標識や文字などに親しむ体験を重ねたり、標識や文字の役割に気付いたりし、自らの必要感に基づきこれらを活用し、興味や関心、感覚をもつようになる。
（9）言葉による伝え合い 先生や友達と心を通わせる中で、絵本や物語などに親しみながら、豊かな言葉や表現を身に付け、経験したことや考えたことなどを言葉で伝えたり、相手の話を注意して聞いたりし、言葉による伝え合いを楽しむようになる。	ケ　言葉による伝え合い 保育士等や友達と心を通わせる中で、絵本や物語などに親しみながら、豊かな言葉や表現を身に付け、経験したことや考えたことなどを言葉で伝えたり、相手の話を注意して聞いたりし、言葉による伝え合いを楽しむようになる。	ケ　言葉による伝え合い 保育教諭等や友達と心を通わせる中で、絵本や物語などに親しみながら、豊かな言葉や表現を身に付け、経験したことや考えたことなどを言葉で伝えたり、相手の話を注意して聞いたりし、言葉による伝え合いを楽しむようになる。
（10）豊かな感性と表現 心を動かす出来事などに触れ感性を働かせる中で、様々な素材の特徴や表現の仕方などに気付き、感じたことや考えたことを自分で表現したり、友達同士で表現する過程を楽しんだりし、表現する喜びを味わい、意欲をもつようになる。	コ　豊かな感性と表現 心を動かす出来事などに触れ感性を働かせる中で、様々な素材の特徴や表現の仕方などに気付き、感じたことや考えたことを自分で表現したり、友達同士で表現する過程を楽しんだりし、表現する喜びを味わい、意欲をもつようになる。	コ　豊かな感性と表現 心を動かす出来事などに触れ感性を働かせる中で、様々な素材の特徴や表現の仕方などに気付き、感じたことや考えたことを自分で表現したり、友達同士で表現する過程を楽しんだりし、表現する喜びを味わい、意欲をもつようになる。

　10の姿に示された内容を捉えるとき、その核となっているのが「言葉」であると言えます。小学校との接続という関係からも重要な目標が示されています。

2　言葉の領域に関するねらいと内容

　ここでは、「言葉」を生活・人格形成・生きる力というキーワードから捉えることを目的とし

ています。3つの法令に示された「言葉」の領域のねらい・内容を以下の表にまとめています。3つの法令に示されたねらいと内容を比較しながら、発達段階に応じた支援のあり方について具体的に考えてみましょう。

表2 「言葉」の領域のねらいと内容（3法令の比較表及び太字は谷本による）

幼稚園教育要領	保育所保育指針	幼保連携型認定こども園 教育・保育要領
経験したことや考えたことなどを自分なりの言葉で表現し、相手の話す言葉を聞こうとする意欲や態度を育て、言葉に対する感覚や言葉で表現する力を養う。	経験したことや考えたことなどを自分なりの言葉で表現し、相手の話す言葉を聞こうとする欲求や態度を育て、言葉に対する感覚や言葉で表現する力を養う。	経験したことや考えたことなどを自分なりの言葉で表現し、相手の話す言葉を聞こうとする意欲や態度を育て、言葉に対する感覚や言葉で表現する力を養う。
	乳児保育 **身近な人と気持ちが通じ合う** 受容的・応答的な関わりの下で、何かを伝えようとする意欲や身近な大人との信頼関係を育て、人と関わる力の基盤を培う。	**乳児保育** **身近な人と気持ちが通じ合う** 受容的・応答的な関わりの下で、何かを伝えようとする意欲や身近な大人との信頼関係を育て、人と関わる力の基盤を培う。
	乳児保育 ＜ねらい＞ ① 安心できる関係の下で、身近な人と共に過ごす喜びを感じる。 ② 体の動きや表情、発声等により、保育士等と気持ちを通わせようとする。 ③ 身近な人と親しみ、関わりを深め、愛情や信頼感が芽生える。	**乳児保育** ＜ねらい＞ （1）安心できる関係の下で、身近な人と共に過ごす喜びを感じる。 （2）体の動きや表情、発声等により、保育教諭等と気持ちを通わせようとする。 （3）身近な人と親しみ、関わりを深め、愛情や信頼感が芽生える。
	乳児保育 ＜内容＞ ① 子どもからの働きかけを踏まえた、応答的な触れ合いや言葉がけによって、欲求が満たされ、安定感をもって過ごす。 ② 体の動きや表情、発声、喃語等を優しく受け止めてもらい、保育士等とのやり取りを楽しむ。 ③ 生活や遊びの中で、自分の身近な人の存在に気付き、親しみの気持ちを表す。 ④ 保育士等による語りかけや歌いかけ、発声や喃語等への応答を通じて、言葉の理解や発語の意欲が育つ。 ⑤ 温かく、受容的な関わりを通じて、自分を肯定する気持ちが芽生える。	**乳児保育** ＜内容＞ （1）園児からの働き掛けを踏まえた、応答的な触れ合いや言葉掛けによって、欲求が満たされ、安定感をもって過ごす。 （2）体の動きや表情、発声、喃語等を優しく受け止めてもらい、保育教諭等とのやり取りを楽しむ。 （3）生活や遊びの中で、自分の身近な人の存在に気付き、親しみの気持ちを表す。 （4）保育教諭等による語り掛けや歌い掛け、発声や喃語等への応答を通じて、言葉の理解や発語の意欲が育つ。 （5）温かく、受容的な関わりを通じて、自分を肯定する気持ちが芽生える。

	＜ねらい＞ 1歳以上3歳未満児の保育 ①　言葉遊びや言葉で表現する楽しさを感じる。 ②　人の言葉や話などを聞き、自分でも思ったことを伝えようとする。 ③　絵本や物語等に親しむとともに、言葉のやり取りを通じて身近な人と気持ちを通わせる。	＜ねらい＞ 満1歳以上満3歳未満の園児の保育 （1）言葉遊びや言葉で表現する楽しさを感じる。 （2）人の言葉や話などを聞き、自分でも思ったことを伝えようとする。 （3）絵本や物語等に親しむとともに、言葉のやり取りを通じて身近な人と気持ちを通わせる。
	＜内容＞ 1歳以上3歳未満児の保育 ①　保育士等の応答的な関わりや話しかけにより、自ら言葉を使おうとする。 ②　生活に必要な簡単な言葉に気付き、聞き分ける。 ③　親しみをもって日常の挨拶に応じる。 ④　絵本や紙芝居を楽しみ、簡単な言葉を繰り返したり、模倣をしたりして遊ぶ。 ⑤　保育士等とごっこ遊びをする中で、言葉のやり取りを楽しむ。 ⑥　保育士等を仲立ちとして、生活や遊びの中で友達との言葉のやり取りを楽しむ。 ⑦　保育士等や友達の言葉や話に興味や関心をもって、聞いたり、話したりする。	＜内容＞ 満1歳以上満3歳未満の園児の保育 （1）保育教諭等の応答的な関わりや話し掛けにより、自ら言葉を使おうとする。 （2）生活に必要な簡単な言葉に気付き、聞き分ける。 （3）親しみをもって日常の挨拶に応じる。 （4）絵本や紙芝居を楽しみ、簡単な言葉を繰り返したり、模倣をしたりして遊ぶ。 （5）保育教諭等とごっこ遊びをする中で、言葉のやり取りを楽しむ。 （6）保育教諭等を仲立ちとして、生活や遊びの中で友達との言葉のやり取りを楽しむ。 （7）保育教諭等や友達の言葉や話に興味や関心をもって、聞いたり、話したりする。
幼稚園教育 経験したことや考えたことなどを自分なりの言葉で表現し、相手の話す言葉を聞こうとする意欲や態度を育て、言葉に対する感覚や言葉で表現する力を養う。	3歳以上児の保育 経験したことや考えたことなどを自分なりの言葉で表現し、相手の話す言葉を聞こうとする意欲や態度を育て、言葉に対する感覚や言葉で表現する力を養う。	満3歳以上の園児の教育及び保育 経験したことや考えたことなどを自分なりの言葉で表現し、相手の話す言葉を聞こうとする意欲や態度を育て、言葉に対する感覚や言葉で表現する力を養う。
幼稚園教育 ＜ねらい＞ （1）自分の気持ちを言葉で表現する楽しさを味わう。 （2）人の言葉や話などをよく聞き、自分の経験したことや考えたことを話し、伝え合う喜びを味わう。 （3）日常生活に必要な言葉が分かるようになるとともに、絵本や物語などに親しみ、言葉に対する感覚を豊かにし、先生や友達と心を通わせる。	3歳以上児の保育 ＜ねらい＞ ①　自分の気持ちを言葉で表現する楽しさを味わう。 ②　人の言葉や話などをよく聞き、自分の経験したことや考えたことを話し、伝え合う喜びを味わう。 ③　日常生活に必要な言葉が分かるようになるとともに、絵本や物語などに親しみ、言葉に対する感覚を豊かにし、保育士等や友達と心を通わせる。	満3歳以上の園児の教育及び保育 ＜ねらい＞ （1）自分の気持ちを言葉で表現する楽しさを味わう。 （2）人の言葉や話などをよく聞き、自分の経験したことや考えたことを話し、伝え合う喜びを味わう。 （3）日常生活に必要な言葉が分かるようになるとともに、絵本や物語などに親しみ、言葉に対する感覚を豊かにし、保育教諭等や友達と心を通わせる。

幼稚園教育 <内容>	3歳以上児の保育 <内容>	満3歳以上の園児の教育及び保育 <内容>
（1）先生や友達の言葉や話に興味や関心をもち、親しみをもって聞いたり、話したりする。 （2）したり、見たり、聞いたり、感じたり、考えたりなどしたことを自分なりに言葉で表現する。 （3）したいこと、してほしいことを言葉で表現したり、分からないことを尋ねたりする。 （4）人の話を注意して聞き、相手に分かるように話す。 （5）生活の中で必要な言葉が分かり、使う。 （6）親しみをもって日常の挨拶をする。 （7）生活の中で言葉の楽しさや美しさに気付く。 （8）いろいろな体験を通じてイメージや言葉を豊かにする。 （9）絵本や物語などに親しみ、興味をもって聞き、想像をする楽しさを味わう。 (10) 日常生活の中で、文字などで伝える楽しさを味わう。	①　保育士等や友達の言葉や話に興味や関心をもち、親しみをもって聞いたり、話したりする。 ②　したり、見たり、聞いたり、感じたり、考えたりなどしたことを自分なりに言葉で表現する。 ③　したいこと、してほしいことを言葉で表現したり、分からないことを尋ねたりする。 ④　人の話を注意して聞き、相手に分かるように話す。 ⑤　生活の中で必要な言葉が分かり、使う。 ⑥　親しみをもって日常の挨拶をする。 ⑦　生活の中で言葉の楽しさや美しさに気付く。 ⑧　いろいろな体験を通じてイメージや言葉を豊かにする。 ⑨　絵本や物語などに親しみ、興味をもって聞き、想像をする楽しさを味わう。 ⑩　日常生活の中で、文字などで伝える楽しさを味わう。	（1）保育教諭等や友達の言葉や話に興味や関心をもち、親しみをもって聞いたり、話したりする。 （2）したり、見たり、聞いたり、感じたり、考えたりなどしたことを自分なりに言葉で表現する。 （3）したいこと、してほしいことを言葉で表現したり、分からないことを尋ねたりする。 （4）人の話を注意して聞き、相手に分かるように話す。 （5）生活の中で必要な言葉が分かり、使う。 （6）親しみをもって日常の挨拶をする。 （7）生活の中で言葉の楽しさや美しさに気付く。 （8）いろいろな体験を通じてイメージや言葉を豊かにする。 （9）絵本や物語などに親しみ、興味をもって聞き、想像をする楽しさを味わう。 (10) 日常生活の中で、文字などで伝える楽しさを味わう。

　「言葉」の領域は、他の領域と独立して存在するのではなく、総合的に捉えるべきものであることは言うまでもありません。上記の表に示したねらい・内容を具現化するために保育者として何に配慮し、何をすべきか、ということを具体的に考えることが極めて重要です。

引用文献
・文部科学省（2017）『幼稚園教育要領（平成29年告示）』、フレーベル館
・厚生労働省（2017）『保育所保育指針（平成29年告示）』、フレーベル館
・内閣府・文部科学省・厚生労働省（2017）『幼保連携型認定こども園教育・保育要領（平成29年告示）』、フレーベル館

＊お薦めの本
・岡本夏木（1982）『子どもとことば』岩波新書
　子どもがことばを獲得し、使い始めるのか、そのプロセスを生活環境やコミュニケーションが果たす役割について明らかにしています。また、ことばが子どもの発達をどう方向づけるのかについて具体的に述べられています。
・無藤　隆（2010）『発達の理解と保育の課題』同文書院
　発達の基本的な考え方や、保育と発達の過程と段階、発達の障害とその保育における支援など幼稚園教諭・保育士養成において重要な理論を学ぶことができます。　　　　　　　　　　　　　　　　（谷本　寛文）

コラム7　　なぜ読解力は必要なのだろう

　グローバル社会、高度情報化社会においては、自ら考え、判断し、行動する力がこれまで以上に求められています。

　小学校から高等学校まで国語科を中心に読解に関する学びを経験してきていると思いますが、「なぜ読解力は必要なのか」ということについて考えたことがあるでしょうか。

　結論から言えば、「対象とする文章や資料を吟味・評価するためには、まずは何がどのように書かれているか正確に読み取る読解力が必要だからです。」グローバル社会、高度情報化社会においては、対象とする文章や資料をあるがままに受け入れるのではなく、吟味・評価できる読みの能力が求められているのです。これをクリティカル・リーディングといいます。

　読解力を磨くために重要なポイントは、「ものごととものごとの関係を読む」という視点をもつことです。「関係を読む」ということを具体的に言えば、「事実と意見の関係」「段落相互の関係」に着目するのです。筆者は、誰に何をどのような方法で伝えようとしているのか正確に読解することが、対象とする文章や資料を吟味・評価するためには必要不可欠な行為であるという認識が重要なのです。

　つまり、単に「書かれていることを理解する」という意識から、「ものごととものごとの関係」を正確に捉えたうえで、「評価する」という意識の転換をしなければならないのです。

　それでは、対象とする文章や資料を吟味・評価しながら読むためには、何が必要なのでしょうか。

　重要なことは、大きく次の2つの視点をもつことです。

　1．何が分かりやすいのか、その理由は。
　2．何が分かりにくいのか、その原因は。どうすれば分かりやすくなるのか。

　これらの視点を意識することで、建設的な読みが可能となり、自立した読者としてものの見方・考え方を拡充することができるのです。

　上記に示した2つの視点を持ち、筆者の工夫を吟味・評価するのです。筆者の工夫とは、筆者の論理と言い換えることができます。つまり、筆者の工夫を吟味・評価することは、筆者の論理を吟味・評価することなのです。

　では、筆者の論理とは具体的にどのような形で文章に表れるのでしょうか。大きく次の3つの観点で捉えることができます。

　1．表現
　2．内容・事柄
　3．論理展開（組立て方）

　表現面の工夫、内容・事柄の取り上げ方の工夫、文章全体の組立て方の工夫に着目することで吟味・評価の規準を持つことができます。このような主体的な読みの能力が自ら考え、判断し、行動する力に繋がるのです。

（谷本　寛文）

8章　ごっこ遊びの大切さ

　幼児期の子どもたちの中で繰り広げられる遊びの中に、ごっこ遊びがあります。ごっこ遊びを通して、思考力・想像力・表現力をはじめ子どもたちには様々な力が培われると考えられます。もちろん人との関わりの面でも大きい影響があります。ごっこ遊びと一口に言っても、家族ごっこやお店屋さんごっこ、コンサートごっこ、乗り物ごっこなど様々な遊びがあります。それぞれ子どもたちはどんなことを楽しみ、どんな力が育っているのでしょうか。

[キーワード]　保育者と一緒、憧れ、友達と一緒、園全体で

1　「先生、食べて！」

（1）入園当初の遊びから

　入園当初、子どもたちが安心して園での生活に慣れることができるように、保育室には家庭に近い環境をつくります。その中でも子どもたちは「食べる」ということが一番身近なものなので、ままごとコーナーは重要視して環境を整えています。子どもたちが興味をもって遊びたくなるように、いろいろな食べ物の玩具や鍋やフライパンなどの用具を用意し、ごちそうづくりが楽しめるようにします。色が鮮やかであったり、マジックテープで繋がっているところを包丁で切ることができるようになっていたり、子どもたちには魅力的な玩具です。数や種類も豊富です。エプロンも近くに用意しておくのですが、このエプロンも大人気です。ごちそうづくりは、一人でも十分楽しむことができます。

　ままごとコーナーに数人の子どもたちがいたとしても、はじめは一人一人バラバラに遊んでいます。いわゆる並行遊びと言われる遊びです。でもそこに保育者が近づき、「わぁ、すごい。美味しそうなごちそうがいっぱいやね」と声をかけることによって子どもたちはとても嬉しくなり、「先生、食べて！」「○君のも食べて！」とあちこちから声がかかります。このごちそうを媒介とした子どもたちと保育者の遊びが、ごっこ遊びの第一歩と言えるのではないかと思われます。

「先生、おいしい？」

「いっぱいごちそう並んだね！」

2　時と場を選ばず
（1）ごっこ遊びは砂場でも…

　保育室内で行われると共に、砂場でもごちそうづくりが行われます。リンゴやブドウなどの型抜きやプリンやゼリーなどの容器で、砂場でもごちそうづくりを楽しんでいます。遊びが楽しめるかどうかは、型抜きにおいてうまく型が抜けるかどうかということも大きく関係してきます。またカップに砂と水を入れて「コーヒーどうぞ」と飲み物づくりも始まります。砂と水の量によって、濃度の違うコーヒーができるのですが、子どもたちは始めから砂と水の配分ということとコーヒーの濃度の違いが関係しているとはわかっているわけではないと思います。子どもたちは砂場で、試行錯誤しながら何度も繰り返し取り組む姿が見られます。このことはじっくりと物に向き合い、時間がかかっても自分なりに納得するまで取り組むことに繋がります。

　入園当初の子どもたちは、新しい生活で不安な気持ちを保育者に受け止めてもらうことや保育者と一緒に居ることで安心し、園や保育者に親しみをもち、自分の思いを出すことができるようになります。そして園生活の中で自分の楽しみとなる時間が出来てきます。そのためには、楽しい雰囲気を感じながら保育者と一緒に遊ぶことができる場や保育者が同じ場で子どもの様子を見て話し合い、共感できる、ゆったりとした雰囲気や時間をつくることによって好きな遊びになっていくと思われます。好きな遊びが見つかると子どもたちは笑顔になります。

3　「入れて！」「貸して」「代わって！」
（1）一人から複数へ

　保育室でのごちそうづくりや砂場でのごちそうづくりは、一人でも楽しく遊べました。一緒の場所にいてもつながりはなく、バラバラに遊んでいても平気だったのが、だんだん日がたつに連れて、一緒の場にいる人の存在に気づき始めます。偶然居合わせた子どもたち同士が、互いに顔を見合わせて「ニコッ」とすることがあります。走り出した相手を追いかけて、見つけて笑う……。大人から見るとそんな他愛もないことが楽しくて、嬉しくて繰返しているうちに仲良くなっていくこともあります。言葉はなくても一緒に遊びたいという気持ちが強くなっていくのです。

　他に使われていないものがあるにもかかわらず、一緒の物が使いたくなったり、一緒の物が欲しくなったり、一緒に居たくなったりし始めるのです。でも同時に一緒の物が欲しくなったり、使いたくなったりした時には、取り合いになったり、ケンカになったりしてしまいがちです。まだうまく言葉で自分の思いを伝えることが難しいからです。そんな時、「どうしたの」と保育者が関わることによって、互いの思いを聞くことにより、伝えあうことができるようになっていくのです。そして仲間になる言葉を覚えていくのです。一緒に遊びたいときには「入れて！」使っ

ているものが使いたいときには「貸して！」「代わって！」という言葉を知り、使えるように
なってくるとより遊びが楽しくなって、一人のごちそうづくりが友達と一緒のごっこ遊びになっ
ていくのです。

　保育者と共にしたい遊びを見つけることでその遊びを通して大好きな友達や遊びたい友達がで
き、保育者から友達へと関心が広がっていきます。しかし、入園するまでの間に同年齢の子ども
と関わったことのないケースもあります。一緒に遊ぶ中で他の子どもの様々な面に気づき、友達
の様子や思い、表情に関心を寄せたり、雰囲気を感じたりします。友達に自分の思いを受け入れ
てもらえる経験や自分の思い通りにならない経験をします。その中で保育者に自分なりの言葉で
困りごとを伝えたり、保育者と一緒に思いを伝えようとしたりします。さらに自分の思いを出し
ながら周りの友達の思いも感じていくようになります。

4　一つの経験がきっかけとなって……

（1）「人形劇、楽しかった！人形劇したい！」

　子どもたちに様々な本物の経験・体験をしてもらいたいと願い、園では様々な機会を設けてい
ます。例えば、人形劇団を招いて人形劇を楽しみます。

　腕人形やペープサート、影絵、手袋人形、操り人形とその時々で見せてもらう人形劇は様々で
すが、子どもたちは真剣に見入って人形劇の世界を満喫しています。そして楽しかったことは、
すぐに再現したくなるのが子どもたちです。保育室に戻ってくるなり、「人形劇したい」と保育
者に訴えてきます。

　保育者としては、子どもたちからの要求にすぐに応えることが大事です。「人形劇を見たら、
人形劇ごっこを始めるかな？」と前日から予想を立てて材料を用意しておくことも大きな環境構
成の一つであり、保育者の援助としても大事な援助です。3歳児であれば腕人形や手人形を多め
に用意しておくといいだろうし、4歳児や5歳児であれば、自分たちで人形をつくれるようにし
ておくことがいいでしょう。紙や竹ひご等も使いやすい材料だと思われます。せっかく「やりた
い」と盛り上がった子どもたちの気持ちを大事にして、できるだけすぐにつくれるようにしてお
くことが大切です。

　人形劇で見た話を再現するわけではありません。まずは自
分のつくりたい人形をつくって、その人形を持ち寄ってそこ
からお話を考えていくのが4歳児の人形劇です。内容は自分
たちの経験したことをなぞっていることが多いですが、子ど
もたちは想像力がたくましいので、ぶっつけ本番でも大丈夫
なようです。

「次、なんて言おう？」

（2）「人形劇をしたい」は「『つくること』と『みてもらうこと』どっち？」

　しかしながら、子どもたちは「つくりたい」という気持ちと「人形劇をしたい」という気持ちがまだ伴わないことも多いです。「人形劇をしたい」という中には、純粋に「人形をつくって人形劇をしたい」という子どももいれば、「人形劇をしてお客さんに来てみてほしい」ということを思っている子どももいます。前者はどんな話にしようか、どんな人形をつくろうかということに思いを巡らせますが、後者はチケットがいるからチケットをつくろうとか、舞台はどんな舞台にしてお客さんはどこに座ってもらおうかという方に思いがいっています。特に4歳児の子どもたちにありがちなのが、まだ十分人形劇の内容が決まっていないのに、先にチケットをつくって年少組や職員室にチケットを配りに行ったりしていることです。そんな時に保育者として、両方の子どもたちに目を向け、どちらの思いもくみ取りながら、かといって人形劇を見ようとチケットをもってやってきた年少組の子どもたちのことも考えなくてはいけなくなってきます。相手との思いの違いを知り、相手の表情や言葉を読み取り、自分はどうしたいのか考えようと向き合っている間を大事に声をかけるように心がけます。そのことにより、自分も相手も納得したことを感じることができるように、思いを尋ねたり代弁したりしてつないでいくことが大事です。

「うわぁ。お客さんがいっぱい！」

5　年長組のようにやりたい……

（1）「大きい組さんのコンサートごっこ楽しかった！」

　5歳児になると、「人形劇をしたい」「コンサートごっこをしたい」という目標がまずイメージすることができます。そしてその目標に向かって、今は何をすることがいいのか、それぞれの子どもたちが自分は何をすることが必要かということによって役割分担をしたりしながら、進めていくことができるようになっていきます。また昨年度の年長組の遊びに参加させてもらった経験からも「去年の年長組さんのようにしたい」という思いも強くもてます。

　年長組の遊びや生活は、毎年他の学年の憧れであり、「年長組さんのようにやりたい・・・」という強い気持ちで取り組んでいきます。またその遊びは、憧れと共に刺激となり代々伝承されていくものです。

　地域のイベントなどで歌ったり、踊ったり、合奏したりして舞台を経験した5歳児は、「コンサートごっこ」「発表会ごっこ」などがやりたくなります。子どもたちの中に共通のイメージがあり、実現しやすい遊びと言えるでしょう。また一度でも舞台で歌ったり、踊ったりした経験のある子どもたちは、舞台で発表することの喜びを感じたり、自信をもったりして「コンサートごっこ」や「発表会ごっこ」に臨みたいと思っているようです。

「くすのきコンサートの始まりでーす」　♪ありの〜ままの〜♪
　　　　　　　　　　　　　　　　　　　（「アナと雪の女王ごっこ」より）

　すでにいろんな身近な曲が入っているCDを使い、歌ったり、踊ったり、合奏したりして、日常的に遊んでいたものをそのまま舞台をつくって演じる形に変わるだけなのです。とはいうもののプログラムを考えることが必要ですし、踊りの振り付けや合奏の鳴らし方も相談が必要です。5歳児は目標の達成のために、相談したり、協力したりしてやり遂げようとするようになります。その姿が4歳児や3歳児には憧れの存在として目に映るのです。そして「自分たちも年長組さんのようにやりたい！」と思うのです。

　年長組になると自分の気持ちを友達に伝えながら、友達の思いにも気づき、互いに思いを伝えあうようになってきます。気の合う友達と一緒にやりたい遊びや遊びたい友達と遊ぼうと目的をもって登園してきます。少し困難なことも大好きな友達となら向き合っていくことができます。子ども同士が関わりを深められるように環境を整えます。物や人が行き来して遊びが広がったり繋がったりすることができるように自分たちでつくったりかいたりする場とごっこ遊びの場を近くに置く等の工夫をします。また遊びの続きができるように明日必要になりそうな材料を用意したり、共通のイメージをもって遊べるように写真などを遊びの場に飾ったりしておきます。

6　園全体を巻き込んで

（1）「いくつものごっこ遊びが同時進行」

　5歳児は、いくつかのごっこ遊びが同時に進行することもよくあります。

　一方では、「コンサートごっこ」や「人形劇ごっこ」のような演者がいてその演技を提供するごっこ遊びであり、他方では「乗り物ごっこ」や「お店屋さんごっこ」のように一緒に動いたり、言葉のやりとりをしたりすることを楽しむようなごっこ遊びがあります。5歳児の後半になると、グループでの協同的な遊びを楽しめるようになります。それぞれのグループで意見交換をしたり、相談をしたりしながら遊びを進めていく同時進行が可能になり、保育者は必要に応じて見守ったり、手伝ったり、材料を一緒に用意したりして関わっていくことになります。5歳児の子どもたちはごっこ遊びを提供する側になり、お客様がいないことになるので、他の学年に子どもたちにお客様になってもらうことが必要になります。そうして園全体を巻き込んでいくと5歳児ももっ

「いらっしゃいませ〜。
お芋いかがですか！」

「お客様、おいしいケーキをどうぞ！
有難うございました！」

と頑張ろうという気持ちになり、お客様の方もいろんなごっこ遊びの場に参加したい気持ちが強くなり、より楽しい遊びの場になっていきます。参観日などを利用すると、保護者にも参加してもらうことができます。子どもたちの遊びに参加してもらうことは、言葉だけでは伝わりにくい雰囲気を味わってもらうことができ、子どもたちの様子を直に知ってもらうことになり、園の教育への理解につながる大事なことと言えます。また子どもたちもたくさんのお客様にきてもらうことで、満足感や達成感を味わうことができます。そのことは自信になり、「また次もやっていこう」という意欲にも繋がります。そして友達と協力することの大切さや楽しさも味わえ、友達の大切さにも気づくことができます。幼児期にはやはり、ごっこ遊びが大事な遊びだと言えます。

　幼児のイメージが実現できる材料を一緒に用意したり、引き続き遊ぶことができるように遊びの場を継続して残したりしておくことも必要に応じて行います。また友達と一緒に自分と向き合い、挑戦する遊びを継続していくと同時に、グループの一体感を感じたり、多くの友達の中で自分の力を発揮したりできるような場を整えることも大事です。そして子どもたち自身が相談したり、たくさんの人数でも思いを伝えあったりできる時間を十分にとることや学級や学年のみんなで目的をもって遊ぶことができるような他の遊びをどんどん取り入れていくことが大事になってきます。

7　ごっこ遊びで育つ力

（1）どんな力が育つのか

1）人との関わり方

　一人で楽しんでいたことから、保育者と関わることにより「楽しいな」と感じるようになります。そして一緒の場にいる人の存在に気づき、うまく遊べたり、つまづいたり、トラブルになったりしながらもどうしたら一緒に遊べるのかを学んでいくことができます。そこには「言葉」の存在も大きいです。自分の思いを出す言葉、相手の思いを聞く言葉、人と人をつなぐ言葉、遊びを中断する言葉、遊びを発展させる言葉など言葉にもいろいろありますが、人との関わりを学ぶ中で、言葉を学ぶこととも大きく関係しています。

2）想像力

　入園当初からごっこ遊びの芽が芽生えています。ままごとコーナーに置いてある環境は、それぞれの家のリビングやキッチンを想像できるものです。そして、そのごちそうをつくる人は誰なのか、家庭ではお父さんやお母さん、またはお店のコックさんなどをイメージしながら料理をしています。

3）思考力

　どんなごちそうをつくろうか、誰に食べてもらおうかと考えたり、砂場では、どうしたらうまく型抜きができるかと考えたり、おいしいコーヒーをつくるにはどうしたらいいか考えたりしています。

　また人形劇やお店屋さん、乗り物ごっこなどにおいてもどんな材料でどんなものをつくろうか、どうしたら自分のつくりたいものがつくれるか考えたり、工夫したり試行錯誤を繰り返しています。

4）表現力

　自分の気持ちを言葉や態度でどう表現すれば相手に伝わるのかということも考えています。当初は「泣く」ことも自己を表現する方法であると言えるでしょう。まずは自分の気持ちを表すことが表現の第一歩です。

　そして次には、自分の思いをどのように言葉や動きなどで表現しようと考えるようになっていきます。

5）協同性

　一人では難しいことも友達と互いの思いを出し合いながら、工夫したり、考えたり協力したりして目標に向かって取り組むことができます。

6）社会とのつながり

　様々な経験や体験の中には、地域の人とのつながりや地域社会で経験したこと（お店での買い物等）の再現がたくさん含まれています。再現して遊ぶことによって、より地域社会への親しみを感じていくようになります。

7）数量や図形・文字への関心

　型抜き等で、形の違いや数に気づいたり、看板やお店の品物、チケット、お金など遊びに必要な物をつくったりすることで文字や数字に興味関心が強まります。

その他にもたくさんの力が育っていると思われます。これらの育ちは、現幼稚園教育要領等で掲げられている『幼児期の終わりまでに育ってほしい姿』と重なる部分が大変大きいです。それだけ、ごっこ遊びが幼児期には重要な遊びと言えると言っても過言ではないと思います。

8　ごっこ遊びの重要性

（1）ごっこ遊びの変遷と重要なこと

いろいろなごっこ遊びを取り上げてきましたが、ごっこ遊びは社会の変化と共に変わってきています。今の時代を生きている学生の皆さんには、日常のことで違和感を感じられないと思われます。が、40年前から幼児教育に関わってきた筆者は、「変わったなぁ」と思うことが多々あります。

例えば、キッチンです（キッチンという言葉も台所という言い方が当たり前でした）。キッチンのガスコンロですが、今の子どもたちはツマミをもって「カチッ」と回します。また水道もレバーを押し上げて（押し下げて）水を出します。昔はガスコンロには、マッチを擦って火をつけるしぐさをしていました。また水道もカランを回して水を出していました。これだけでも子どもたちの動作がかなり違います。また、こんなこともありました。

「先生、お客さんになってきて！」と言われてレストランに行きました。

「こちらへどうぞ」と席に案内してもらって座りました。「ご注文が決められましたら、このタブレットで知らせてください」「飲み物は、あちらにドリンクバーがありますので、ご利用ください」……。「わかりました」と答えたものの「レストランはレストランでもファミリーレストランなんだ……。きっと何度も経験があるし、タブレットで注文することやドリンクバーで飲み物がもらえることも知っているんだ！」と思いました。お寿司屋さんが回転寿司屋さんになったのもつい最近のような気がしていましたが、きっとそうではないのでしょう。もちろん、スマートフォンも必需品になっています。これからのごっこ遊びはもっともっと変わっていくのかしら……とちょっと心配になりました。

乗り物ごっこでも変わってきています。昔は乗り物に乗るには、切符をつくってもち、その切符を車掌さんや駅員さんが切符切りで切るということを楽しんでいました。今は、改札口でピタッとするだけでOKという具合です。

もちろん、現代しか知らない子どもたちですから子どもたちの社会の中にあるものを再現しているので、その中で前段に述べたような力が育っていけばいいと思います。便利になった世の中です。便利なことだけに偏ってしまわず、ごっこ遊びでは特に人との関わりということに重点が置けるように保育者としては考えて行ってもらいたいと願います。

9　終わりに

　今回の幼稚園教育要領等の改訂の基本的な考え方として、「主体的で対話的で深い学びの実現」ということが掲げられています。これらの実現には、いろいろな遊びや生活の面からも考えられますが、「ごっこ遊び」は、重要なポイントとなる遊びと言えると思われます。子どもたちからの発想を大事にしながら、遊びを進めていくことになりますが、しかしながら子どもたちだけで成り立つ遊びでもないと思われます。保育者が先走って何もかもお膳立てして敷いたレールの上を子どもたちが走っていくのではなく、子どもたちの思いを優先にしながら実現に向けて援助をしたり、一緒に考えたりすることが保育者には求められると思われます。5歳の後半になったら急にそんな力がつくわけではありません。それはやはり3歳児からの積み重ねがあってできることだと思います。一日一日を子どもたちと一緒に大切にしてこそ、見えてくるものもたくさんあります。まずは保育者が「ごっこ遊びを楽しむ」という所からスタートしていってほしいと思います。

参考文献
・幼稚園教育要領（2018）、第2節幼稚園教育において育みたい資質・能力及び「幼児期の終わりまでに育ってほしい姿」
・無藤　隆、古賀松香編著社会情動的スキルを育む「保育内容　人間関係」（2016）　第2節保育実践研究から見えた「7つの折り合う姿」の発達と保育者の援助
写真協力：京都市立中京もえぎ幼稚園

（永本　多紀子）

コラム8　三つの視点の循環の実際（「手だて」に着目して）

　子どもがどんなことに興味を向け、どのように手を動かしているのか、どのように保育者や仲間と関わり、どんなふうに心が動いているのか、私たちは一緒に遊ぶ中で子どもの姿をよく見て「子ども理解」をしようとします。すると、さらなる成長を願い、「子どもへの願い」が湧き上がってくると思います。そしてそのためにできる工夫を「手だて」として行います。これが保育実践です。この三つの視点を循環させて保育実践はずっと続いていきます。保育者は、子どもをよく理解しようとし、成長への願いを持つゆえに様々な工夫を「手だて」として行うのです。例をあげてみましょう。

1．顔遊びをしてみよう

> わらいましょわっはは　わらいましょわっはっは
> わっはっはわっはっは　ああおもしろい
>
> なきましょえーん　なきましょえーん
> えーーん　えーーん　ああおもしろい

> あがりめ　さがりめ　ぐるっとまわって　ねこのめ
> あがりめ　さがりめ　ぐるっとまわって　きつねのめ

　嬉しいこと、かなしいこと、感じたまま人と共感してほしいと子どもたちに望みます。また、顔の表情を柔らかにほぐしてほしいと思います。そんな思いで顔遊びをしましょう。
　人は、自分の顔を自分で見ることはできません。しかし一緒に顔遊びをしていると、保育者や他児の顔を見て、私も今こんな顔してるのかな、と自分の顔を想像することでしょう。顔遊びをしているとき、子どもはまっすぐに保育者の顔を見つめてくれます。

2．たくさん歩いてみよう

　歩けるようになった1歳のAちゃんはあちこち一人で行っては保育者の元に戻ります。再び歩いては保育者の所に戻る、ということを繰り返しています。とても楽しそうです。

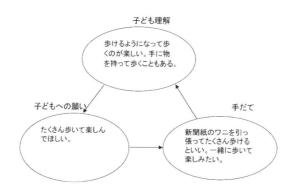

図1　Aちゃんをめぐる三つの視点

　そこで、新聞紙で作ったワニにひもをつけて引っ張って歩いて遊べるようにしました。保育者がしてみるとじっと見ていたのですが、しばらくして自ら手を伸ばしてひもを握り歩き始めます。すこし月齢の大きいMちゃんも新聞ワニを引っ張って遊んでいました。これまで自分が引っ張って歩くことに夢中だったのに、Mちゃんがすいすいと歩いている姿にAちゃんはびっくりしたようで動きを止めました。Aちゃんにとっては他児の存在に気付く瞬間だったのです。

写真1　新聞ワニを引っ張るAちゃん

　このように、子どもが驚き、戸惑い、あるいは喜ぶ場面に出会ったら、是非文章で記しておきましょう。私がどのように考えながらその場にいて子どもと関わったか、子どもの心の動きをどのように読み解いたのかを記しておきます。このエピソード記録を重ねることによって、保育者としての感性が少しずつ豊かにされていきます。子どもと共に歩む時、私の心もたくさん動いているのです。

（和田　幸子）

9章　施設実習で学ぶこと

〜障害児・者との関わりを通じて〜

　保育士の資格を取得するためには、施設実習は必須です。幼稚園、保育所の実習はイメージできても、施設実習は何をするのか、何が学べるのか全く分からないから行きたくないという声をよく聞きます。特に、障害児や障害者と関わることに大きな不安を抱く学生が多いようです。しかし、実習が終われば、「利用児・者との関わりが楽しかった」、「利用者との関わりから保育者として大切なことを学んだ」といった声が多いのも事実です。この章では、障害児・者施設での実習事例から、実習生にどのような学びや意識変化があるのかを知りましょう。

キーワード　障害児・者、施設実習、実習の学び、意識変化

1　障害に対する自己の意識の変化を知る

事例1　関わってみてわかること

　実習生の華子さんは、知的障害の方が多く生活する障害者支援施設に10日間の実習に行くことになりました。華子さんは、知的障害の方と関わった経験はありません。ただ、ときどき町でみかける知的障害者と思われる人は、大きな声で何か言っていて、何をされるかわからない、怖いイメージがあります。施設実習に行くことがとても憂鬱です。

　実習初日、職員にたくさんの利用者がいる集会室へと案内されました。「あと20分程度は自由時間だから、利用者さんと自由に関わっていてね」と言って、職員はその場を離れていきました。「どうしよう……」入口で立ちすくんでいると、「実習のお姉さん？　お名前は？　私は、Aっていうの」とニコニコと女性の利用者が話しかけてきました。「はい、今日から実習でお世話になる光山華子です。よろしくお願いします」と言い終わらないうちに、Aさんに腕を組まれ、集会室に入りました。その後は、「新しい実習のお姉さん来たよ〜！」とAさんがいろいろな利用者のところに連れて行ってくれました。「お姉さん、どこから来たの？」、「いつまでいるの？」、どの利用者も明るく迎えてくれ、握手攻めに合いました。華子さんは少しホッとするとともに、「あれ、思っていた知的障害者のイメージとちょっと違うかも？」と思いました。ただ、利用者の中には、口に突っ込んだよだれだらけの手で握手をしてくる人もいて、抵抗がありましたが……。

　数日たつと、様々な利用者の姿が見えてきます。実習初日に案内をしてくれたAさんは、面倒見がとてもよく、他の利用者のお世話もしています。しかし、日中活動では、おしゃべりのしすぎでついつい自主製品づくりの作業の手が止まってしまうため、声かけが必要です。よだれだらけの手で握手をしてきた男性のBさんは、「アー、ウー」としかお話をされません。ただ、行動を見ていると、大好きなコーヒーが出るときや「散歩の時間です」と言われると、自分のひざをポンと叩くことに華子さんは気づきました。これがBさんの嬉しい時の表現なのだろうかと職員に確認してみると、「そうですよ。Bさんは、いろいろなサインで私たちに気持ちを伝えてくれますよ」と教えてもらいました。華子さんは、他のサインも知りたくてBさんの様子をよく観るようになりました。

　華子さんは、実習前は「知的障害者」とひとくくりにしていた人々を、今は、「Aさん」、「Bさん」と一人ひとりの「人」として捉えている自分に気づきました。そして、その一人ひとりがどんな人なのか、もっと知りたい、理解したいと思うようになりました。

事例1からの学び～知らないから「怖い」～

「うわぁ、障害者の施設で実習になった！ どうしよう！」と保育実習Ⅰ（施設）の配属発表をしたときに声に出さないまでも、そのようなネガティブな感情を抱いている学生は毎年います。保育所や幼稚園、こども園に障害のある子どもがいる可能性があること、だから障害のある子どもについて学ぶ必要があることはわかってはいるものの、大人を対象とした障害者施設で学ぶことに疑問や不安を持っても不思議ではありません。

しかしながら、障害者施設に実習に行った後、大半の学生が「行ってよかった」と言います。その理由として、華子さんのように、「障害者をよく知らずに勝手に恐れていた」という無知からくる差別を意識したこと、また、実際に関わることで障害者への思いや対応が変化した自分に気づいたことなどがあげられます。

また、障害者と関わるなかで、自然と言葉のやりとりだけに捉われないコミュニケーションをとるようになったり、利用者をよく観るようになったりと行動が変化する学生も多いです。そこで身につけたものは、障害の有無に関わらず、子どもと関わるうえでも必要な技術や知識につながります。

2　障害のある方への対応を学ぶ

事例2　必要な援助とは

児童発達支援センターに通うCちゃん（5歳）は、軽度の知的障害と脳性マヒがある重複障害児です。生まれた時から右半身を上手く使うことができません。歩く時は、右足を引きずっていてゆっくりですし、右手もひじから曲がっていて、まっすぐ伸ばすことができません。

実習初日、実習生の光代さんは、お帰りの用意をしようとするCちゃんを見て、「きっと時間がかかるし、片手じゃ大変。手伝わなくちゃ！」と駆け寄りました。かばんにお帳面を入れようとしているCちゃんに「先生が入れるね」と声をかけると、「（自分で）するの！」と怒ったようにCちゃんに言われました。Cちゃんは、両足の間にカバンを置いて、右ひじを添えて動かないように固定して左手でチャックを開け、カバンの口に右肘をつっこんで隙間をあけ、左手でお帳面をするりと中に入れました。その様子をそばで見ていた保育者が「Cちゃんが上手にお帳面を入れるから、光代先生、びっくりしているよ。Cちゃん、すごいね」と言うと、Cちゃんは嬉しそうに頷きました。

事例2からの学び～障害がある＝何もできない？～

障害児を対象とした通所型施設や障害者支援施設などで働くつもりがない人にとっては、障害児の対応を学んでも実際に役立つのだろうかと思う人もいるでしょう。しかし、近年、保育所や幼稚園、こども園でも障害のある子どもの受け入れは進んでいます。あなたが保育所や幼稚園、こども園で担任をするクラスに、障害のある子どもや障害の診断は出ていなくても特別な配慮が必要な子どもがいる可能性は大いにあります。つまり、保育者となるあなたは、障害のある子どもへの対応の方法を学ぶ必要があるのです。

　障害児の施設といっても、さまざまな障害の子どもたちがいます。肢体不自由や聴覚障害、視覚障害など身体的な障害、発達障害など、それぞれの障害に応じた対応を学びます。ただし、障害の状況や程度はさまざまであり、子ども一人ひとりに応じた対応が求められます。したがって、施設実習では、それぞれの対応を学ぶ中で、何を重視するのかを考えながら学ぶ必要があります。

　光代さんは、Cちゃんの身体の状況を見てカバンのチャックの開け締めなどは難しいと判断し、代わりに自分がやらなくてはと動いてしまいました。この根底には、「障害がある＝何もできない」という偏った思い込みがあったのかもしれません。

　障害の有無に関わらず、保育者の役割は、その子の「できること」を少しでも増やしていくことです。ただし、いきなりできるようになるのは難しいため、どうやったらできるようになるのか、日々、その子どもの成長や障害の状況をよく観て考える必要があります。なお、子どもへの援助は、その子どもの発達に合わせて必要最小限に留めることが大切です。大人が手伝いすぎてしまうことで、本来は自分でできることも経験が少ないために、できないままになってしまう危険性もあるため、注意する必要があります。

事例3　一人ひとり違うということ

　障害者が通う就労継続支援B型の事業所で都さんは実習中です。今日は、箱の組み立て班にいます。作業終了の時間になりました。職員が「作業終了の時間です。みなさん、片付けてください」と言いましたが、DさんとEさんは作業を続けたままです。すると、職員はDさんの前に座って目を合わせ、「Dさん、作業終了の時間です。片付けます」とゆっくり、はっきりと伝えました。すると、Dさんは、持っていた糊にキャップをし、糊がもともと入っていた引き出しへ片付け、まだ組み立ててない箱も棚へ戻しました。それを見ていた実習生の都さんは同じように、Eさんの目を見て作業終了を伝え、片付けるように促しました。Eさんは作業の手を止めたものの、じーっとしたまま動きません。都さんは、「片付けます」もう一度、Eさんの目を見て伝えましたが、やはりEさんは動きません。その様子を見ていた職員が「Eさん、片付けますよ。まずは、糊にキャップをしてください」と声をかけると、Eさんは持っていた糊にキャップをしました。「次は、糊を引き出しに入れてください」、「まだ組み立ててない箱を棚に戻してください」と職員は一つひとつ次にすることをEさんに伝えていました。

　その後、都さんは、職員から「Dさんは作業に集中しすぎるため、全体に向けた指示だと伝わりにくいから個別にゆっくり伝えています。Dさんはそれで行動ができます。Eさんは、『片付け』という言葉だけでは、何をしたらいいのか戸惑います。だから、一つひとつの手順を伝える手助けが必要です。一人ひとりどのような支援がどこまで必要か、考えながら関わってみてくださいね」と言われました。

事例3からの学び〜完全対応マニュアルはない世界〜

　都さんは、職員のDさんへの関わりを見て、Eさんにもそれを真似して支援を試みましたが、うまくいきませんでした。障害のある方とのコミュニケーションは、その特性に合わせて様々な方法をとる必要があります。具体的には、言語コミュニケーションだけでなく、非言語コミュニ

ケーションを活用すること、また、絵カードなどの道具を活用することなどがあげられます。障害児・者に支援者の言葉が伝わっていないと思うときには、こちらの伝え方に問題があると考え、いろいろな方法を試してみる必要があります。障害の特性に合わせた関わり方は、章末の「お薦めの本」などを活用するとよいでしょう。ただし、完全なマニュアルはなく、一人ひとりの特性と、その時の状況に合わせた支援を考えながら関わっていくことを忘れてはいけません。

3　環境設定を学ぶ

> **事例4　障害に配慮した環境づくり**
>
> 　児童発達支援センターで実習をしている光代さんは、子どもとかかかわる中で、保育室に細やかな配慮がされていることに気づきました。たとえば、使った物を片付ける場所が分かるように、棚にはその物の写真や絵が貼られています。子どもは、その写真や絵を見て、元にあった場所に間違わずに片付けをすることができます。
>
> 　また、折り紙と画用紙は、赤色の折り紙は赤のケースというように、色分けされたケースが用意されています。自由遊びの時間には、子どもたちが欲しい色紙や画用紙を自分で出して使っています。
>
> 　教室の中を見回すと、工作、絵本、積み木、ままごとなど、それぞれコーナーが用意され、子どもたちが自分のしたい遊びに集中できるように環境構成がされていました。さらに、パニックを起こした時やイライラした時にクールダウンできるパーティションで区切った小さな空間も設けられていました。
>
> 　一斉活動の時には、外や廊下の様子が気にならないようにカーテンを閉めるなど、先生方の配慮も観ることができました。

事例4からの学び〜「できる」を増やすヒントがいっぱい〜

　児童発達支援センターの環境設定は、お片付けや自由遊びなどで子どもが少しでも主体的に活動できる工夫がしてあります。また、障害の特性上、周りの子どもの姿が気になって遊びに集中できない子どもや自分の気持ちを落ち着かせることが苦手な子どももいるため、教室内の物品の配置も配慮がされています。一斉活動の際も、子どもたちが少しでも集中できるような工夫をしています。

　また、障害者の施設でも、利用者が自分の身の回りのものを整理できるようにタンスに目印となるシールが貼ってある、作業場に作業手順を分かりやすく記した絵カードが貼ってあるなど、自立した生活や作業ができるよう環境づくりがされています。

　こういった環境設定には、幼稚園や保育所などに通う「気になる子」に対する支援としてはもちろん、障害のない子どもたちに対しても主体的な活動を引き出すヒントがたくさんあります。

4　保育者の役割を知る

事例5　「今」の支援が将来に及ぼす影響を知る

　障害者が通う生活介護の事業所で実習中の京子さん。今日のお昼ご飯は、お好み焼きを利用者、職員みんなで作って食べます。利用者のFさんがお好み焼きを食べる姿を見て、支援員と栄養士が「Fさん、お好み焼き、気に入ったんだね。パクパク食べてるね。ご家族にも報告しなくちゃ」と嬉しそうに話しています。京子さんは、その会話が気になったので支援員に尋ねました。

　支援員の話では、Fさんは、小さい頃からふりかけご飯と特定のスナック菓子しか食べず、他の物を食べさせようとするとかんしゃくを起こしていたとのことです。5年前に特別支援学校を卒業し、この施設に来たときは、食事の偏りからかなりの肥満が見られ、生活習慣病が気になる状態でした。家族にそのことを伝えると、これまでも保育所や学校で指摘は受けたものの、どうしていいかわからずそのままにしてきたと話されました。そこで、支援員は栄養士と相談し、昼食のメニューを工夫し、少しでもFさんが食べられるものを増やすことを支援目標のひとつにしました。Fさんが自然に興味を持てるように、食べなくても必ずその日のおかずを並べ、他の利用者や職員がおいしそうに食べる様子を見えるようにしました。何日も何日も経った頃、Fさんがシチューに興味を持ったそぶりをしたときに、すかさず、支援員が「Fさん、おいしいですよ。一口食べてみますか？」とシチューのルーだけをスプーンによそってみると、食べてくれました。二口めは、ちいさな人参とじゃがいもも入れてスプーンによそいましたが、人参とじゃがいもは吐き出してしまいました。ただ、シチューのルーは気に入ったようで、そのあとも食べてくれました。そこで、栄養士の発案で具をできるだけすりつぶしたシチューをFさんに出したところ、完食することができました。その後もいろいろなメニューや食材、調理法などを工夫しながら、少しずつFさんが食べられるものを増やしてきました。その際に、大切にしたことは、無理強いはしないこと、Fさんの食べたいという気持ちを引き出すことでした。5年かけて、今もメニューは限定されるものの、初めの頃に嫌がった野菜も食べられるようになりました。

　「今日は、お好み焼きに初挑戦だったの。Fさんのはね、お肉は苦手だからやめて、他の人よりもさらに細かく刻んだキャベツを混ぜ込んで作ってみたの。それに、このにぎやかな雰囲気やジュージューという音、ソースの匂いがFさんの食欲を誘ってくれたのかもね。施設で食べられたものがお家で必ず食べられるかはわからないけど、お母さんにレシピを渡すようにしているの。お家で食べるメニューも増えて、ご家族も一緒の食事が楽しくなったと喜んでいるのよ」と栄養士はまた嬉しそうに話しました。その横で、支援員は静かに京子さんにこう言いました。「Fさんが小さな頃にもう一歩踏み込んだ支援ができていれば、Fさんの食生活はもっと豊かになっていたかもしれないし、身体に負担もかけずに済んだと思うんだ」と。それを聞いて、京子さんは、保育者の役割の大きさを改めて考えるのでした。

事例5からの学び〜現在⇒未来を多職種で支える〜

　当たり前のことですが、大人は子どもだった時代があります。障害のある方たちの多くは、障害児だった頃の生活があり、それが現在につながっています。保育者は、日常的に子どもたちが出会う最初の専門職である可能性があり、そこでの子どもや保護者との関わりがその子の成長、人生へ影響を及ぼすことを自覚しておかなくてはなりません。その場だけの援助ではなく、その先を見据えた援助をする必要があります。

　また、この事例から、個別支援計画や他の職種との連携について、具体的に知ることができま

す。施設では、それぞれの利用者に対する支援目標・計画を立て、それに沿った支援を展開し、定期的に支援内容を評価しながら利用者によりよい支援を提供しています。また、この事例では、栄養士と支援員が支援目標を立てて、協働して長期的に利用者の「食」に関わっていました。保育所や幼稚園、こども園と比較して、多職種間の連携を具体的に学ぶ機会が多いことも施設実習の特徴です。一人ひとりの専門職が関わるよりも、多職種で関わることで多角的な支援を展開できます。

　さらに、支援において、利用者の意思決定を大切にしていることなど、利用者の人権を尊重していることがわかります。加えて、直接的な関わりだけでなく、食事をする雰囲気づくりなど、環境を意識した支援を行っていることもこの事例から学ぶことができます。

5　地域との関係を考える

> **事例6　地域の人との関わりから気づくこと**
>
> 　実習2週目、障害者支援施設で実習をしている華子さんは、施設の「買い物デー」に付き添いました。近くのスーパーマーケットに少人数の利用者と職員で出かけます。職員は付き添うだけで、利用者が好きなものを選んで自分で買います。スーパーマーケットの店員は、施設の利用者たちが何度も来ているので対応も慣れています。レジの支払いの時にお財布からどのお金を出していいか迷っている利用者には、「500円玉、えーと、他のよりも大きい銀色のお金、入ってないかしら？」と店員が指で500円玉の大きさの○を作りながら声をかけます。利用者が500円を財布から出すと、「そうそう、それです」とにこやかに受け取ります。
>
> 　買物後、いつも立ち寄るたこ焼き屋のおじさんは、「いらっしゃい！　スーパーでいいもの買ったかい？」と声をかけてくれます。お皿にたこ焼きを盛るときは「ひとつ、ふたつ・・・」と利用者と一緒に数えながら入れてくれます。「はいよ、たこ焼き8個入り！　熱いから気を付けるんだよ！」と利用者が食べる様子をニコニコ笑いながら見ています。
>
> 　次の日、華子さんは近くの皮膚科の通院に付き添いました。利用者のGさんは、待合室の椅子に腰かけ、自分のほっぺたを両手で軽く叩きながら華子さんの顔を覗き込んでは「まぁだ？」と繰り返しています。華子さんは、Gさんのその行動が愛らしく思えて、微笑みながら「あと3人です。待ちましょうね」と声をかけました。ふと、視線をあげて周りを見てみると、他の患者さんが怪訝そうな表情でチラチラとこちらを見ています。そのとき、ちょうど診療所に入ってきたよちよち歩きの子どもがこちらに向かってきましたが、母親がGさんを見て慌てて子どもを抱っこして遠い椅子へと連れていきました。正面に座っていた年配の男性は、Gさんが「まぁだ？」と聞くたびにため息をついています。「ああ、実習に来る前の私と一緒だ。私もあんな目で、あんな態度で障害のある人たちを見てたんだ。Gさん、何も悪いことしてないのに」と、華子さんは自分が恥ずかしくなるとともに、悔しくて悲しい気持ちになりました。
>
> 　その日の実習記録にこのことを書きました。職員からの所見には、「買い物ツアーで行ったスーパーマーケットの方々も、初めは他の客の迷惑にならないかと心配され、どう関わっていいかわからないと言われていました。その不安を私たち職員が解消できるようにお話をさせてもらい、ツアーが実現しました。ノーマライゼーションの実現には、一歩一歩、地道な活動が必要だと思っています」と書かれていました。

事例6からの学び～その人の人権を守り、自己実現をサポートする～

施設実習では、地域との関係を考える機会が多いです。本事例では外出時に出会った地域の人々と利用者の関わりの様子がわかります。スーパーマーケットの店員やたこ焼き屋のおじさんは、何度も利用者と関わるうちに、障害者への理解が深まってきたのでしょう。その一方で、通院時の周囲の人の視線を感じて、華子さんは自分自身の障害に対する捉え方を確認し、人権尊重の意識を高めるとともに、ノーマライゼーションについて考える機会になりました。

保育所や幼稚園、こども園で障害のある子どもの担任となったときに、他の子どもやその保護者が障害のある子どもをあたたかく受け入れてくれるとは限りません。障害のある人々を地域に受け止めてもらうにはどうすればよいのかは、保育者としても考える必要がある課題です。施設では、ボランティアの受け入れを推進するなど、利用児・者と地域との橋渡しを職員が行っています。そのような支援を学ぶことも施設実習の大きな意義です。

また、施設からの外出は、余暇活動の一環であるだけでなく、自立に向けた訓練や社会参加の意味合いをもつ場合もあります。「買い物ツアー」では、商品選びから支払いまで可能な限り本人が自分でできるように、職員は必要最低限の支援しかしていませんでした。こうした経験の積み重ねが、地域生活をするうえでの利用者の自信につながっていきます。その人が持っている力を強めていく、この「エンパワメント」の視点は、保育で子どもたちと関わるうえでも大切です。

6　施設実習に向けて

（1）事前学習

施設実習での代表的な学びを六つの場面で紹介しました。それでも、あなたの施設実習への不安はまだあるかもしれません。

そのような時は、施設実習に向けて、まずは、あなたが行く施設について調べてみましょう。どのような理念でどのような支援をされているのか、施設のホームページなどを参考に事前学習をしておくとよいでしょう。また、オリエンテーションなどでは、どのような障害特性がある障害児・者が利用しているのか説明があるはずです。その情報をふまえたうえで「お薦めの本」などを活用し、障害やその支援について学習をしておくとよいでしょう。

さらに、施設実習では、あなたは一人の「大人」、「社会人」として扱われます。特に、障害児・者は、職員や実習生の立ち居振る舞い、言葉遣い、服装を見本として、身につけていきます。したがって、どこに出ても恥ずかしくない、立ち居振る舞い、言葉遣い、服装をあなた自身ができるようにしておくことも必要です。

（2）心の準備

最後に、実習中に起こりうる事柄について考え、心の準備をしておきましょう。

　以下の「こんなときどうする？」の1）から3）の事柄が起こったとき、あなたはどのような行動をとりますか。その理由も考えてください。また、あなたの行動によってその後、どのようなことが起こるのか予測してみてください。さらに、なぜこのような事柄が起こったのか、その背景についても考えてみてください。

●こんなときどうする？

1）他の利用者と談笑をしていると、知的障害のあるAさんが何度もあなたの髪を引っ張ってきます。

2）障害者支援施設で知的障害のある異性のBさんが頻繁に抱きついてきます。

3）児童発達支援センターに通うCちゃんがあなたに一生懸命に話してくれているのに、言っていることが聞き取れません。

＊お薦めの本
・守　巧・小櫃智子・二宮祐子・佐藤恵（2014）『施設実習パーフェクトガイド』わかば社
　各施設種別の概要や一日の流れ、実習内容、障害についてなど、実習に必要な知識がまとめられています。また、障害児を対象とした保育指導案の具体例、部分実習やレクリエーションで活用できる「感覚遊び」や「手品」など、実習に役立つ情報が多く掲載されています。
・日本知的障害者福祉協会編（2011）『はじめて働くあなたへ─よき支援者を目指して─』公益財団法人日本知的障害者福祉協会
　知的障害者の施設などで勤めはじめた人を対象に書かれているため、施設の仕事内容、障害の基本的理解、支援技術だけでなく、職業人としての姿勢・マナーまで網羅されています。障害者関係の施設実習時に持参すれば、わからない用語が出てきても索引を活用して調べることができます。
・上野一彦監修（2010）『ケース別発達障害のある子へのサポート実例集　幼稚園・保育園編』ナツメ社
　幼稚園・保育園で起こる発達障害児のさまざまな具体例をあげ、「なぜそのようになるのか」、「その場での対処法」、「対応時に注意すること」、「問題を起こさないための改善策」等が豊富なイラストとともに示されています。幼児への支援が書かれていますが、成人の発達障害やその支援の理解にも活用できる内容です。
・北沢京子（2005）『親と先生のためのQ＆Aシリーズ3巻　知的障害をもつ子どもの性教育・性の悩みQ＆A　幼児から10代まで』アーニ出版
　「性教育は人権教育」という理念のもと、知的障害児の幼児期の「女の人は、いつになったらあかちゃんができるの？」という質問から、第二次性徴期以降の性行動への対応、恋愛などについて、50個のQ＆Aが掲載されています。大学の授業ではとりあげることが少ない、障害児・者の性の問題に対する支援を考える手立てになります。

（松本　しのぶ）

コラム9　子どもと一緒に遊べる体力ありますか？

　みなさんはなぜ幼稚園や保育園の先生を目指しましたか？　子どもが好き、可愛いからという理由を挙げる方が多いのではないかと思います。実習に出て初めてその大変さを経験する方も多いでしょう。

　保育者の仕事は子どもたちが登園するよりも早く出勤して保育環境を整える、登園する子どもたちを迎える、子どもが在園している時間は子どもたちと同じ目線でしっかり遊ぶ、降園後は保育室や園庭の整理整頓、教材準備、実習生であれば実習記録の記入や保育指導案の作成など体を休める時間もなく1日が過ぎていきます。毎日元気に登園してくる子ども達を笑顔で迎え、お天気の良い日は子ども達と共に園庭を走り回る自信がありますか。まず保育者として大切なことは体と心の健康です。自分の生活習慣、生活リズムを見直してみてください。朝食の摂取を含め、睡眠を中心とした1日の生活のリズムはいかがでしょうか。睡眠時間が十分取れていますか。保育という仕事は子どもの健やかな発育・発達を支援する職業です。保育者自身が「健康な体」であることが大切です。健康な生活を送ることができているか自分自身の生活を今、見直してみてください。

　子ども達は幼稚園・保育園の先生と一緒に遊ぶことが大好きです。保育者が自分達と一緒に活動し、認めてくれることで子どもの身体活動量もアップします。上手に動けることにこしたことはありませんが、先生が一緒に遊んでくれるだけでもうれしいのです。子ども達と一緒に「動く体」、動ける体力を作っておいてください。

　子ども達はいろいろな場面で様々な表現をします。子どもの表現をみなさんはしっかり受け止めることができるでしょうか。子ども達と言葉によるコミュニケーションだけではなく、身体活動も含めたコミュニケーションをしっかり取ることができるでしょうか。子ども達といろいろな表現活動を行うことができ、身体も使ってのコミュニケーションのとれる、「しなやかな体」つくりを目指しましょう！

（智原　江美）

コラム 10 『保育所保育指針』改定にみる保育における今日的課題

　保育所保育指針は、保育所における保育の内容と運営に関する事項を定めたものです。4度目の改訂がなされ、平成30年4月より現行のものになりました。この改訂内容をみると、保育における今日的課題が反映されています。

　第一に、乳児保育の充実です。0歳児は、特定の大人との応答的な関わりを積み重ね、柔らかい感触を体験し、子ども自身の自由な探索行動を繰り返していく時期です。大切に、丁寧に関わることが求められます。この時期の保育では「健やかに伸び伸びと育つ」「身近な人と気持ちが通じ合う」「身近なものと関わり感性が育つ」の3つのポイントで具体的なねらいと内容が挙げられています。続いて、運動機能・言語表現が発達し、排泄の自立や楽しい食事に向かう1、2歳児は活動の幅が広がります。そこで「健康」「人間関係」「環境」「言葉」「表現」の5領域でねらいと内容が挙げられます。心情・意欲・態度の育ちをねらいとしていることが乳児保育の特徴であります。

　第二に、幼児教育を行う施設としての位置づけです。子どもは生活を通して、遊びという活動によって試行錯誤を繰り返し、考える力、他者と共感する感性を身につけていきます。保育所保育指針、幼稚園教育要領、幼保連携型認定こども園教育・保育要領のいずれも共有事項として「幼児期の終わりまでに育って欲しい姿」を示しています。それは「健康な心と体」「自立心」「協同性」「道徳性・規範意識の芽生え」「社会生活との関わり」「思考力の芽生え」「自然との関わり・生命尊重」「数量や図形、標識や文字などへの関心・感覚」「言葉による伝え合い」「豊かな感性と表現」の10項目で表されています。

　第三に、「子育て支援」についての章を設け、保育所が子どもの育ちを家庭と連携して支援していくと共に、地域に開かれた子育て支援の場であることを明示しました。

　第四は、「健康及び安全」の章で、子どもの健康、安全の確保が言及されたことです。とくに災害への備えは取り組むべき事項といえます。

　このように、保育所保育指針の改訂項目には、これまでの保育の見直しや新たに明らかになった知見が組み込まれています。これは幼稚園や認定こども園においても共有事項として保育者が強く認識しておくべき今日の保育の課題であります。

（和田　幸子）

おわりに

京都光華女子大学こども教育学部こども教育学科幼児教育コースは、幼児教育/保育に関わる各分野の教員を擁し、活発に授業内容の情報を交換しながら教育活動に当たっています。幼児教育コースサブテキスト作成は、平成27年本学部開学部当初から願っていたことでした。このたび学長裁量による「平成28年度大学教育改革支援制度」により、幼児教育コースサブテキスト『子どもと共に歩む保育』作成を実現することができました。

各教員はエッセンスメッセージや授業では取り上げられない内容を盛り込んで執筆しました。初年次より各授業のサブテキストとして使用し、学生が「子ども」「保育」「教育」について総合的に考えられることを目指しました。私たち教員も、本著をもとに、他教員の執筆内容もふまえて科目間連携しながら、各授業のオリジナリティを発揮していきたいと思います。学生の皆さんには、どうか4年間何度も繰り返して読んでほしいと思います。また本学部は、保幼小連携をふまえた保育者養成/教員養成教育を目指しています。学校教育コースの学生も、保育の視点を取り入れた教員になるために、本著を活用して頂きたいと思います。

(和田　幸子)

「子育ては親育て」と言われます。子どもを産んだらすぐに親になれるわけでなく、子育てしながら親が育てられる、子どもと一緒に親も成長する、そんな意味ですよね。子育てに唯一の正解があるわけでなく、試行錯誤しながら、時には悩み、時には楽しんで。これって保育の現場にも当てはまります。つまり「保育は保育者育て」と言えますね。保育を学んだらすぐに保育者になれるわけでない。保育しながら保育者であるみなさんが育てられるし、子どもと一緒に保育者であるみなさんも成長するのです。保育者として一歩を踏み出そうとしているみなさん、どうぞ大いに悩んで大いに楽しんで、保育の現場で、子どもと共に歩みましょう！

(伊藤　美加)

教科書に公式に「パラパラ漫画」を載せる。それは私の長年の夢でした。そんなトンデモナイ私の夢を温かく受け入れ、実現に向けて道を開いてくれた　こども教育学科　幼児教育コースの懐の深さと冒険心に感謝いたします。

パラパラ漫画を教科書に落書きすることは簡単ですが、実際に印刷するとなると、緻密な計算と多くの労力が求められます。お忙しいなか、パラパラ漫画を描いてくださった毬さんに、この場を借りて心から御礼申し上げます。また、パラパラ漫画掲載をご快諾くださった三学出版　中桐信胤様にも厚く御礼申し上げます。

YO!

　多くの方々のご尽力によって実現したこのパラパラ漫画。本テキストを手にとる学生のみなさんにも楽しんでいただけたら幸いです。そしてパラパラ漫画だけでなく、テキストの中身にもしっかりと目を通してください。

　最後に、学生のみなさんが大学での学びを通して、柔らかな心と豊かな関わりの力を備えた一人の人として巣立っていってくれることを心から祈ります。

（山﨑　玲奈）

改訂版『子どもと共に歩む保育』発刊に際して

　京都光華女子大学こども教育学部では、2017年、幼児教育コースサブテキスト『子どもと共に歩む保育』を発刊し、各授業での学生の学修に用いてきました。この間、幼稚園教育要領、保育所保育指針、幼保連携型認定こども園教育・保育要領の改訂がありました。また、保育者養成校としてカリキュラムの改革期でもあります。そのような時期に、この度、改訂版『子どもと共に歩む保育』を発刊することとなりました。本書は保育者を志す学生に大いに役立つよう心がけて編集しています。保育における普遍性を示しつつ、新しい時代の保育の在り方を探ることを学生と共に目指していきたいと願っています。

2020年5月　編者一同

執筆者一覧（五十音順）

伊藤　美加（いとう　みか）
　6章・コラム1・編集委員
　主な担当科目：保育の心理学

下口　美帆（しもぐち　みほ）
　3章
　主な担当科目：図画工作Ⅰ・Ⅱ、保育内容（総合表現Ⅱ・Ⅲ）

田中　慈子（たなか　やすこ）
　1章
　主な担当科目：音楽Ⅰ～Ⅶ

谷本　寛文（たにもと　ひろふみ）
　7章・コラム7
　主な担当科目：国語（書写を含む）、国語科指導法、言葉

智原　江美（ちはら　えみ）
　5章・コラム9
　主な担当科目：保育内容（健康）、体育Ⅰ・Ⅱ（幼児）

中井　咲織（なかい　さおり）
　4章・コラム4
　主な担当科目：理科、環境、保育内容（環境）

永本　多紀子（ながもと　たきこ）
　8章
　主な担当科目：保育内容総論、保育内容（人間関係）、保育内容（言葉）

松本　しのぶ（まつもと　しのぶ）
　9章・コラム5
　主な担当科目：子ども家庭福祉、子育て支援、子ども家庭支援論

山﨑　玲奈（やまざき　れいな）
　コラム3・コラム6・編集委員
　主な担当科目：子どもの理解と援助、人間関係

和田　幸子（わだ　ゆきこ）
　2章・コラム2・コラム8・コラム10・編集委員
　主な担当科目：乳児保育Ⅱ、保育内容（総合表現Ⅰ・Ⅲ）、障害児保育/特別支援教育

改訂版　子どもと共に歩む保育

2020年 8 月25日初版印刷
2020年 9 月 1 日初版発行
　　　　　編著者　和田幸子・伊藤美加・山﨑玲奈
　　　　　発行者　中桐十糸子
　　　　　発行所　三学出版有限会社
　　　　　　　　　〒520-0835　滋賀県大津市別保 3 丁目3-57 別保ビル 3 階
　　　　　　　　　TEL 077-536-5403
　　　　　　　　　FAX 077-536-5404
　　　　　　　　　　　　　http://sangaku.or.tv

　　　　　　　　　　　　　　　　亜細亜印刷（株）印刷・製本